Uni-Taschenbücher 1675

UTB FÜR WISSEN SCHAFT

Eine Arbeitsgemeinschaft der Verlage

Wilhelm Fink Verlag München
Gustav Fischer Verlag Jena und Stuttgart
Francke Verlag Tübingen
Paul Haupt Verlag Bern · Stuttgart · Wien
Hüthig Verlagsgemeinschaft
Decker & Müller GmbH Heidelberg
Leske Verlag + Budrich GmbH Opladen
J. C. B. Mohr (Paul Siebeck) Tübingen
Quelle & Meyer Heidelberg · Wiesbaden
Ernst Reinhardt Verlag München und Basel
F. K. Schattauer Verlag Stuttgart · New York
Ferdinand Schöningh Verlag Paderborn · München · Wien · Zürich
Eugen Ulmer Verlag Stuttgart
Vandenhoeck & Ruprecht in Göttingen und Zürich

Bernd Gräfrath

John Stuart Mill: ›Über die Freiheit‹

Ein einführender Kommentar

Ferdinand Schöningh

Paderborn · München · Wien · Zürich

Die Deutsche Bibliothek – CIP-Einheitsaufnahme

Gräfrath, Bernd:
John Stuart Mill: Über die Freiheit;
ein einführender Kommentar / Bernd Gräfrath. –
Paderborn; München; Wien; Zürich: Schöningh, 1992
(UTB für Wissenschaft: Uni-Taschenbücher; 1675)
ISBN 3-506-99429-8
NE: UTB für Wissenschaft / Uni-Taschenbücher

Printed in Germany

Herstellung: Ferdinand Schöningh, Paderborn

Einbandgestaltung: Alfred Krugmann, Freiberg am Neckar

ISBN 3-506-99429-8

Inhalt

Vorbemerkung

John Stuart Mills Abhandlung „On Liberty“ (1859) ist ein Klassiker der englischsprachigen Philosophie, der auch heute noch die staatsphilosophische und rechtstheoretische Diskussion bewegt. Er gehört einer philosophischen Tradition an, die die Tugenden der Klarheit des Ausdrucks und der Zugänglichkeit der Darstellung hochhält. Weil dadurch aber manchmal systematische Probleme verdeckt bleiben, bedarf auch dieses Werk eines erläuternden Kommentars. Es bleibt zu hoffen, daß der vorliegende Kommentar zur weiteren Verbreitung von Mills Gedanken beitragen wird, die – wie die Verweise auf die aktuelle rechtspolitische Diskussion zeigen werden – von durchaus praktischer Relevanz sind.

Der Einfachheit halber wird im folgenden verwiesen auf die Seitenzahlen der Reclam-Ausgabe von „Über die Freiheit“, übersetzt von Bruno Lemke, herausgegeben von Manfred Schlenke (Stuttgart, 1974). Das englische Original liegt in mehreren preisgünstigen Ausgaben vor, z. B. in der Reihe „Crofts Classics“, herausgegeben von Alburey Castell (Arlington Heights, Illinois, 1947).

Die effektive Durchführung der Forschungsarbeiten für den vorliegenden Kommentar wurde ermöglicht durch die unvergleichliche Benutzerfreundlichkeit der Universitätsbibliothek Konstanz. Meine Beschäftigung mit Mill geht zurück auf Joel Feinbergs anregendes Seminar zur Rechtsphilosophie im Herbst 1982 an der University of Arizona (Tucson). Ein besonderer Dank für unermüdliche Diskussionsbereitschaft gebührt meinem verehrten Lehrer Gottfried Gabriel (Universität Konstanz), dessen philosophischer Einfluß weiter reicht, als sich durch eine „Ko-Zitations-Cluster-Analyse“ messen läßt.

Konstanz/Berlin, im Winter 1990/91 — Bernd Gräfrath

1. Zu Mills Titel, Motto und Widmung

John Stuart Mills Abhandlung „Über die Freiheit" ist ein Klassiker des Liberalismus. Ebenso wie Wilhelm von Humboldt, aus dessen Werk „Ideen zu einem Versuch, die Grenzen der Wirksamkeit des Staats zu bestimmen" (verfaßt 1792, veröffentlicht 1851) das Motto stammt,[1] verteidigt Mill die Freiheitsrechte des Individuums gegen übergreifende Ansprüche des Staates. Aus diesem Grund fand dieses Werk gerade in Zeiten, in denen die Gefahren eines übermächtigen, in alle Lebensbereiche eingreifenden Staates allen vor Augen standen, besondere Aufmerksamkeit. Zuletzt war dies nach dem Zweiten Weltkrieg der Fall – heute vielleicht wieder nach dem Niedergang der „Volksdemokratien" –, als auch die Naturrechtslehre gegenüber dem Rechtspositivismus eine Renaissance erlebte. Der Liberalismus wurde neu gewürdigt, als die Nachteile des Kollektivismus erkannt wurden, die selbst dann noch bestehen, wenn dieser vorgeblich oder aus innerer Überzeugung das Wohl der Volksgemeinschaft auf seine Fahnen schreibt. Allerdings muß man womöglich auch Mills eigene ethische Theorie, nämlich die des Utilitarismus, zu den Quellen diverser Formen des Kollektivismus rechnen, da dieser „das größte Glück der größten Zahl" zum alleinigen Bewertungsprinzip menschlicher Handlungen macht. Die Frage der Vereinbarkeit von Liberalismus und Utilitarismus ist dabei nicht nur in der allgemeinen Diskussion umstritten, sondern bereitet auch den Interpreten Mills Schwierigkeiten: Schließlich wird John Stuart Mill (1806-1873) mit seinen beiden Werken „On

---

[1] Das Motto fehlt in der Reclam-Ausgabe. Es lautet bei Mill: „The grand, leading principle, toward which every argument unfolded in these pages directly converges, is the absolute and essential importance of human development in its richest diversity." Vgl. Wilhelm von Humboldt, *Ideen zu einem Versuch, die Grenzen der Wirksamkeit des Staats zu bestimmen* (Stuttgart, 1967), S. 69: „Nach dem ganzen vorigen Räsonnement kommt schlechterdings alles auf die Ausbildung des Menschen in der höchsten Mannigfaltigkeit an." Vgl. auch ebd., S. 186 f: „Indes wird doch, hoffe ich, das Gesagte immer hinreichend sein, meine eigentliche Absicht bei diesem Aufsatz noch deutlicher gemacht zu haben, die Absicht nämlich, daß der wichtigste Gesichtspunkt des Staats immer die Entwicklung der Kräfte der einzelnen Bürger in ihrer Individualität sein muß."

Liberty" (1859) und „Utilitarianism" (1861 bzw. 1863) zu den Vordenkern *beider* Richtungen gezählt!

Mögliche Widersprüche zwischen den beiden genannten Werken ließen sich auf eine einfache Art erklären, wenn wir Mills Widmung beim Wort nähmen. „On Liberty" ist Mills Lebensgefährtin Mrs. Harriet Taylor zugeeignet, mit der ihn schon eine langjährige Freundschaft verband, als er sie schließlich 1851 heiratete. Ihre Liebe (und die Lektüre der Gedichte von Wordsworth) hatten Mill von einer schweren Nervenkrise erlöst, die ihn als jungen Mann überfallen hatte (und die wohl auf die allzu intellektualistische Erziehung durch seinen Vater, den Bentham-Schüler James Mill, zurückzuführen ist). Wie die Widmung hervorstreicht, scheint John Stuart Mill tatsächlich stark durch die Diskussionen mit Harriet Taylor beeinflußt worden zu sein, die sich – wie auch Mill selbst – für die Rechte der Frauen einsetzte und im Jahr vor der Veröffentlichung von „On Liberty" starb. Es ist daher denkbar, daß dieses Werk zwei nicht deckungsgleiche Argumentationsstränge enthält: die Theorie eines Utilitaristen und die Theorie einer Liberalistin.[2] Dem ist allerdings entgegenzuhalten, daß die Verbindung dieser beiden Theorien in „On Liberty" ausdrücklich thematisiert wird, so daß wir davon ausgehen müssen, daß sie für Mill nicht nur miteinander vereinbar sind, sondern sogar aufeinander aufbauen. Diese systematische These wird heute zwar noch teilweise vertreten,[3] allgemein jedoch als logisch unvollständig und empirisch unglaubwürdig abgelehnt.[4] Im folgenden soll die Frage der Genese des Textes und der verschiedenen Beiträge seiner Autoren (!?) im wesentlichen unberücksichtigt bleiben. Das Schwergewicht soll vielmehr auf der Darstellung und kritischen Prüfung des Geltungsanspruchs der im Text enthaltenen Thesen liegen. Dabei muß einmal das Prinzip der

---

[2] Vgl. Gertrude Himmelfarb, *On Liberty and Liberalism: The Case of John Stuart Mill* (New York, 1974). Zur Begründungsmöglichkeit der beiden Argumentationsstränge und zur Frage widersprüchlicher Programme bei Mill selbst vgl. D.A. Lloyd-Thomas, „Liberalism and Utilitarianism", *Ethics* 90 (1979/80), S. 319-334.

[3] Vgl. exemplarisch Richard M. Hare, „What Is Wrong with Slavery", *Philosophy and Public Affairs* 8 (1978/79), S. 103-121.

[4] Vgl. z. B. William K. Frankena, *Ethics,* Second Edition (Englewood Cliffs, N.J., 1973; [1]1963) [dt. Übersetzung der ersten Auflage: *Analytische Ethik: Eine Einführung* (München, 1972)], sowie John Rawls, *A Theory of Justice* (Cambridge, Mass., 1971) [dt. *Eine Theorie der Gerechtigkeit* (Frankfurt a.M., 1975)].

Nachsicht herangezogen werden: Bei der Interpretation wird zunächst vorausgesetzt, daß „On Liberty" eine konsistente Gesamttheorie enthält, die auf plausible Weise gedeutet werden kann. Andererseits soll im Zweifelsfall der Liberalismus des Essays stark gemacht werden, um dann zu prüfen, inwieweit die utilitaristisch klingenden Passagen in einem solchen Rahmen adäquat gedeutet oder aber vernachlässigt werden können. Es könnte sich zeigen, daß Mills Rede von „Nützlichkeit" in einem Sinn faßbar ist, der nicht viel mit dem unpersönlichen Berechnungsprinzip der Schule des Utilitarismus im engeren Sinne zu tun hat; oder es könnte sich ergeben, daß Mill eine attraktive Theorie menschlicher Freiheitsrechte entwickelt, gegenüber der die scheinbare Fundierung in einem Nützlichkeitsprinzip als überflüssig und irreführend zurückgewiesen werden kann, ohne Mills Verteidigung des Liberalismus zu beeinträchtigen.

2. Zu Mills Kapitel „Einleitung“

Mill beginnt (R 5) mit der

Abgrenzung des Gegenstands:

Ihm geht es nicht um die metaphysische Freiheit des Willens, sondern um bürgerliche oder soziale Freiheit. Die Frage nach der Willensfreiheit gehört zu dem erkenntnistheoretischen Problem der Vereinbarkeit von Freiheit und Determinismus, zu dem Mill nur kurz andeutet, daß diese beiden Begriffe keine notwendigen Gegensätze bilden. Mit dieser „kompatibilistischen“ Theorie weiß sich Mill in Übereinstimmung mit der empiristischen Tradition, zu der z. B. sein Vorgänger David Hume gehört.[1] Wie Mill nicht erwähnt, besteht allerdings in einem bestimmten Maß ein Zusammenhang zwischen beiden Problemen: Für den Kompatibilisten besteht Freiheit nicht in einem unverursachten Wollen, sondern in der Handlungsfreiheit als Freiheit von äußerem Zwang. Damit ergibt sich der Übergang von einer empiristischen *Erkenntnis*theorie zu einer liberalen *Gesellschafts*theorie.

Es folgt die

Bestimmung des Gegenstands:

Untersucht werden sollen „Wesen und Grenzen der Macht, welche die Gesellschaft rechtmäßig über das Individuum ausübt“ (R 5). In einem weit ausgreifenden, historischen Überblick (R 5-23) zeichnet Mill den Antagonismus zwischen Freiheit und Autorität nach, den er nicht nur für antike Tyranneien, sondern auch für die Gesellschaftsordnung des Englands seiner Zeit nachweist. Dabei unterscheidet er verschiedene Herrschaftsformen, die alle die Freiheit des Individuums gefährden.

---

[1] Vgl. David Hume, *An Enquiry concerning Human Understanding* (1748), in: Ders., *Enquiries concerning Human Understanding and concerning the Principles of Morals,* hrsg. v. L.A. Selby-Bigge, *Third Edition* rev. v. P.H. Nidditch (Oxford, 1975), S. 80-103 („Of Liberty and Necessity“) [dt. *Eine Untersuchung über den menschlichen Verstand,* hrsg. v. Herbert Herring (Stuttgart, 1982), S. 106-134 („Über Freiheit und Notwendigkeit“)].

Verschiedene institutionelle Regelungen von Freiheit und Autorität:

1. Herrschaft und Kontrolle durch eine mächtige kleine Gruppe (oder einen Einzelherrscher) als Schutzmacht (R 5 f). Die Gegnerschaft zwischen Herrscher und Volk wird dabei vorausgesetzt. Freiheit besteht sowohl im Schutz jedes einzelnen vor seinen Mitbürgern als auch im Schutz des Volkes vor der Willkür eines Tyrannen. Die Macht des Herrschers ist ein *notwendiges* Übel, aber dennoch ein *Übel,* vor dem man auf der Hut sein muß. Freiheit kann unter dieser Voraussetzung auf zwei Wegen gegen die Macht des Herrschers durchgesetzt werden:

1. a) Das Volk trotzt dem Herrscher politische Rechte ab, indem es für den Fall ihrer Nichtanerkennung mit allgemeinem Aufruhr droht. Dieser Weg war nach Mill meist erfolgreich, ist aber nicht auf Dauer befriedigend. Einen Fortschritt stellt ein anderer Weg dar:

1. b) Es werden verfassungsmäßige Schranken errichtet, so daß die Exekutivgewalt des Herrschers der Zustimmung durch eine institutionelle Vertretung des Volkes bedarf. Diese Methode hat bei konsequenter Fortführung den Übergang zu einem neuen Verhältnis zwischen Freiheit und Autorität zur Folge:

2. Die Kontrolle der Schutzmacht wird angestrebt über die Bestimmung (Wahl) der Herrscher durch die Bevölkerung (R 7). Die *Absetzbarkeit* des jeweiligen Herrschers wird damit zum wichtigsten Ziel.[2] Die Aufgabe der *Begrenzung* der Macht des Herrschers wird demgegenüber vernachlässigt. Dies hat schließlich ein neues Verständnis des Verhältnisses von Freiheit und Autorität zur Folge:

3. Aus der scheinbaren Identität von Herrscher und Volk (das sich selbst regiert) und der sich daraus scheinbar ergebenden Garantie der Umsetzung des Volkswillens (im Sinne des Volksinteresses) wird gefolgert, daß die Vorbeugemaßnahme der Beschränkung der Macht des Staates in Demokratien überflüssig ist (R 7 f). Mill hält dies jedoch für eine historisch überholte, trügerische Form des Liberalismus. An den Folgeerscheinungen der Französischen Revolution läßt sich nämlich nach Mill erkennen,

---

[2] Vgl. die Betonung dieses Demokratie-Kriteriums bei Karl R. Popper, *Die offene Gesellschaft und ihre Feinde,* 2 Bände (München, [6]1980) [urspr. engl. *The Open Society and Its Enemies* (1945)].

daß der Begriff der „Selbstregierung" seine Tücken hat:[3] „Das Volk, welches die Macht ausübt, ist nicht immer dasselbe Volk, über welches sie ausgeübt wird" (R 9).

Mill spielt hier auf die Doppeldeutigkeit des Begriffs des „Willens des Volkes" an. Dieser wäre nur dann unproblematisch, wenn der Wille jedes Individuums in einem Gesamtwillen (im Sinne des „volonté générale" Rousseaus, dessen Nachklänge auch bei Marx noch zu finden sind, wenn dieser von einer Gesellschaft träumt, in der alle Antagonismen für alle Zeit aus der Welt geschafft sind[4]) aufginge. Diese Identität ist aber keine logische Notwendigkeit – im Gegenteil, es spricht vieles dafür, daß die Interessen aller Beteiligten nicht auf *einen* Nenner gebracht werden können. Mill steht hier auf der Seite Poppers, der Globallösungen im Namen übergeordneter Gesellschaftsinteressen skeptisch gegenübersteht. Mill betont daher eine andere Form der Regulierung von Freiheit und Autorität:

4. Schutz gegen die „Tyrannei der Mehrheit" durch die Festlegung prinzipieller Grenzen der Reichweite staatlicher Kontrolle (R 9 f). Mill geht damit über Stufe 3 hinaus, greift aber eine Erkenntnis aus Stufe 1 auf: Mindestens ebenso wichtig wie die Frage, *wer* regiert, ist die Frage, wie das Individuum vor der Macht des Staates *geschützt* werden kann, wer auch immer die staatliche Macht ausübt.

Mill geht davon aus, daß die Tyrannei der Mehrheit von den politischen Theoretikern seiner Zeit als Übel erkannt worden ist (R 9). Charakteristisch ist nun aber, wie er logische Konsequenzen aus dieser Erkenntnis ableitet, die nicht mehr offensichtlich sind. Damit kommen wir zur allgemeinen

Bestimmung von Mills Methode:

Mill setzt auf die Vernunft als Instrument der Prüfung von Geltungsansprüchen. Dies mag vielleicht für selbstverständlich gehalten werden, war es aber zu Mills Zeiten nicht – und ist es wohl auch heute noch nicht, wenn in manchen Kreisen häufig die Rede davon ist, daß eine bestimmte Entscheidung „aus dem Bauch" kommen

---

[3] Heute möchte man hier hinzufügen: ebenso der Begriff der „Volksdemokratie."

[4] Vgl. Iring Fetscher, *Demokratie zwischen Sozialdemokratie und Sozialismus* (Stuttgart, ^{2}1975), S. 24.

müsse. Es muß natürlich anerkannt werden, daß der Mensch nicht nur ein Vernunftwesen ist und menschliche Gefühle weder theoretisch noch praktisch vernachlässigt werden dürfen – dieser Punkt dürfte Mill im Zusammenhang mit seiner nervlichen Krise sehr deutlich vor Augen gestanden haben.[5] Diese Erkenntnis der notwendigen Berücksichtigung der Gefühle muß aber ganz klar unterschieden werden von der Frage der *Rechtfertigung* von Urteilen über Tatsachen und Normen: Hier müssen *Gründe* gegeben werden; und, wie wir noch sehen werden, meint Mill sogar, daß Gefühle durch Gründe reguliert werden müssen (R 11 f).

Mills Methode im engeren Sinne könnte man – mit einem Ausdruck von John Rawls – die der Herstellung eines „reflektiven Gleichgewichts" nennen. Dabei geschieht eine wechselseitige Anpassung zwischen wohlerwogenen Einzelurteilen und akzeptierten allgemeinen Prinzipien. Mill macht seine liberalistische Position stark, indem er freiheitliche Prinzipien (wie das des nötigen Schutzes des einzelnen gegen eine Tyrannei der Mehrheit), die zumindest nominell allgemein akzeptiert sind, gegen illiberale Überzeugungen seiner Gegner in bestimmten Einzelfällen ausspielt und andererseits allgemein akzeptierte liberale Überzeugungen bezüglich bestimmter Einzelfälle (etwa die wünschenswerte Trennung von geistlicher und weltlicher Macht (R 21)) als Ansatzpunkt gegen illiberale allgemeine Prinzipien benutzt. Diese Methode scheint rein strategisch auf *Überredung* zu zielen, kann aber durchaus ein gerechtfertigtes Mittel der argumentativen Prüfung von politischen Ideen mit dem Ziel der *Überzeugung* bilden. Es kann zwar anerkannt werden, daß in diesem Bereich der Bewertung verschiedener Grundprinzipien einer Gesellschaftsordnung keine zwingende Lösung auf rein logisch-deduktivem Wege möglich ist, sondern auch mit Plausibilitätsannahmen gearbeitet werden muß. Dennoch behält die Unterscheidung zwischen bloßer Überredung und gerechtfertigter Überzeugung aber ihren Sinn. Mill tritt sicherlich mit dem Anspruch der Begründbarkeit seiner Position (und der Auszeichnung seiner vor anderen) auf; und dies macht die kritische Prüfung seiner Thesen auch allererst möglich. Das Ziel seiner Argumentation bildet

---

[5] Zu den biographischen Einzelheiten vgl. John Stuart Mills berühmte *Autobiography* (1873), hrsg. v. Harold J. Laski (Oxford/London, 1924) [dt. *Selbstbiographie* (Stuttgart, 1874)].

dabei die Rechtfertigung des Rechtsliberalismus, dem Mill in seiner Einleitung die klassische Formulierung gegeben hat.[6]

Mills rechtsliberalistisches Programm:

„Der Zweck dieser Abhandlung ist es, einen sehr einfachen Grundsatz aufzustellen, welcher den Anspruch erhebt, das Verhältnis der Gesellschaft zum Individuum in bezug auf Zwang oder Bevormundung zu regeln, gleichgültig, ob die dabei gebrauchten Mittel physische Gewalt in der Form von gerichtlichen Strafen oder moralischer Zwang durch öffentliche Meinung sind. Das Prinzip lautet: daß der einzige Grund, aus dem die Menschheit, einzeln oder vereint, sich in die Handlungsfreiheit eines ihrer Mitglieder einzumengen befugt ist, der ist: sich selbst zu schützen. Daß der einzige Zweck, um dessentwillen man Zwang gegen den Willen eines Mitglieds einer zivilisierten Gemeinschaft rechtmäßig ausüben darf, der ist: die Schädigung anderer zu verhüten. Das eigene Wohl, sei es das physische oder das moralische, ist keine genügende Rechtfertigung. Man kann einen Menschen nicht rechtmäßig zwingen, etwas zu tun oder zu lassen, weil dies besser für ihn wäre, weil es ihn glücklicher machen, weil er nach Meinung anderer klug oder sogar richtig handeln würde. Dies sind wohl gute Gründe, ihm Vorhaltungen zu machen, mit ihm zu rechten, ihn zu überreden oder mit ihm zu unterhandeln, aber keinesfalls um ihn zu zwingen oder ihn mit Unannehmlichkeiten zu bedrohen, wenn er anders handelt. Um das zu rechtfertigen, müßte das Verhalten, wovon man ihn abbringen will, darauf berechnet sein, anderen Schaden zu bringen. Nur insoweit sein Verhalten andere in Mitleidenschaft zieht, ist jemand der Gesellschaft verantwortlich. Soweit er dagegen selbst betroffen ist, bleibt seine Unabhängigkeit von Rechts wegen unbeschränkt. Über sich selbst, über seinen eigenen Körper und Geist ist der einzelne souveräner Herrscher“ (R 16 f).

Dieser „sehr einfache Grundsatz“ bedarf allerdings, wie Mill selbst erkennt, einiger Ergänzungen und Einschränkungen. Um diese richtig bewerten zu können, müssen zunächst aus systematischer Perspektive verschiedene relevante rechtspolitische Prinzipien über die Reichweite des Rechts dargelegt werden.

---

[6] Eine vielleicht überflüssige Klarstellung: Hier wie auch im ganzen übrigen Kommentar wird dieser Begriff im Sinne des Liberalismus in seiner Anwendung auf das *Recht* verstanden; also nicht im Sinne eines politischen Programms, das liberale und parteipolitisch als *rechts* eingeordnete Ideen verbindet.

Sechs zu unterscheidende Zwecke und Prinzipien zur Rechtfertigung der Einschränkung individueller Freiheiten:[7]

1. um Schaden von anderen abzuwenden, und zwar entweder
1. a) als Verletzung individueller Personen (das Prinzip des privaten Schadens) oder
1. b) als Beeinträchtigung institutioneller Praktiken, deren Existenz im öffentlichen Interesse liegt (das Prinzip des öffentlichen Schadens);
2. um die Erregung öffentlichen Ärgernisses zu vermeiden (das Ärgernisprinzip);
3. um Schaden vom Handelnden selbst abzuwenden (Rechtspaternalismus);
4. um Moralität als solche durchzusetzen (Rechtsmoralismus);
5. um dem Handelnden zu seinem Glück zu verhelfen (extremer Rechtspaternalismus);
6. um anderen zu ihrem Glück zu verhelfen (das Wohlfahrtsprinzip).

Mill befaßt sich in „Über die Freiheit“ vor allem mit der Kontroverse zwischen Rechtsliberalismus, Rechtspaternalismus und Rechtsmoralismus; und dies sind auch heute noch die Grundsatzpositionen, zwischen denen sich die Diskussion bewegt.[8] Auf den ersten Blick scheint allein Prinzip 1 mit dem Rechtsliberalismus vereinbar zu sein, und Mills „einfacher Grundsatz“ klingt ganz nach einer Beschränkung auf das Schadensprinzip. Allerdings werden wir im weiteren Verlauf von Mills Argumentation sehen, daß er teilweise auch das Ärgernisprinzip einbezieht und sogar in einem

---

[7] Vgl. Joel Feinberg, *Social Philosophy* (Englewood Cliffs, N.J., 1973), S. 33.

[8] Unter den heutigen Rechtstheoretikern steht Joel Feinberg dem radikalen Rechtsliberalismus Mills am nächsten. Ebenfalls auf Mill beruft sich H.L.A. Hart, der allerdings die liberalistische Grundposition rechtspaternalistisch einschränken will; vgl. H.L.A. Hart, *Law, Liberty, and Morality* (Stanford, 1963), sowie H.L.A. Hart, „Social Solidarity and the Enforcement of Morals“, *University of Chicago Law Review* 35 (1967), S. 1-13 [dt. „Soziale Bindung und die Durchsetzung der Moral“, in: Ders., *Recht und Moral: Drei Aufsätze,* hrsg. v. Norbert Hoerster (Göttingen, 1971), S. 87-103]. Die rechtsmoralistische Gegenposition zu Mill ist zu finden bei Patrick Devlin, *The Enforcement of Morals* (Oxford, 1965). Zu dieser Kontroverse vgl. Günther Patzig, *Ethik ohne Metaphysik* (Göttingen, 1971), S. 7-31 („Moral und Recht“).

bestimmten Sinne eine Einsicht des Rechtspaternalismus übernimmt (ohne damit allerdings zur vollständigen Übernahme dieses freiheitsbeschränkenden Prinzips gezwungen zu sein). Der Rechtsliberalist muß aber in jedem Fall den Rechtsmoralismus in allen seinen Formen ablehnen. Diese Ergänzungen und Einschränkungen des Rechtsliberalismus – wenn sie denn überhaupt als solche interpretiert werden müssen – werden zu gegebener Zeit noch ausführlich zur Sprache kommen. Zunächst muß aber auf Mills weitere Charakterisierung seiner Grundposition eingegangen werden.

Abgrenzung des Rechtsliberalismus vom Wirtschaftsliberalismus:

Mill ist trotz seiner weitreichenden Forderung nach der Sicherung individueller Freiheitsrechte gegenüber staatlicher Kontrolle doch andererseits der Überzeugung, daß die Einmischung der Regierung in manchen Fällen zu Unrecht abgelehnt wird. So kritisiert er diejenigen, die „es vorziehen würden, lieber jede Last sozialen Elends zu ertragen, als ein Stück mehr den menschlichen Interessenkreisen hinzuzufügen, die der Regierungsaufsicht unterstehen“ (R 16). Die von Mill angestrebte Verbindung liberaler und sozialer Grundsätze ist allerdings schwieriger in einer konsistenten, systematisch geordneten Theorie zu fundieren, als dies bei einer eindimensionalen, liberal-anarchistischen Theorie der Fall ist.[9] Eine solche wird heute etwa von Robert Nozick vertreten, der den Minimalstaat fordert und schon jede Besteuerung als Diebstahl ablehnt.[10] Mill teilt eine solche Theorie allerdings nicht. Dies wird zum Beispiel deutlich bei einem Problem, das Mill nur *en passant* behandelt, aber weitreichende Konsequenzen haben kann, nämlich

das Problem der Gesetzgebung über „gutes Samaritertum.“

Mills ideales Rechtssystem kennt nicht nur negative, sondern auch positive Pflichten: „Es gibt aber auch manche Handlungen zum Besten anderer, zu deren Vollzug man mit Recht Zwang anwenden kann. [. . .] Man kann anderen nicht nur durch seine Taten, sondern auch durch seine Untätigkeit Übles antun, in beiden Fällen ist man ihnen rechtlich für den Schaden verantwortlich“ (R 18 f). Die heutigen westlichen Demokratien haben diesbezüglich unterschiedliche

---

[9] Dies erklärt wohl auch die Flügelkämpfe in der FDP.

[10] Vgl. Robert Nozick, *Anarchy, State, and Utopia* (New York, 1974) [dt. *Anarchie, Staat, Utopia* (München, 1976)].

Auffassungen gesetzlich niedergelegt. Während fast alle europäischen Staaten solche *Rechts*pflichten im Sinne „guten Samaritertums“ vorsehen, fehlen diese in fast allen Staaten der USA. Testfälle für unsere Intuition sind einerseits die Pflicht, Pannenopfern zu helfen, auch wenn die Lage am Straßenrand unübersichtlich ist, und andererseits die Pflicht, einem Herzkranken das rettende Medikament über den Tisch zu schieben, wenn dieser es selbst nicht mehr erreichen kann. Wie gesagt, es geht hier nicht um die moralische Verwerflichkeit diesbezüglicher Unterlassungen, sondern um die Frage, inwieweit solche moralischen Verpflichtungen auch rechtlich erzwungen werden sollten. Beide Auffassungen (die „europäische“ wie die „amerikanische“) sind wohl mit dem Rechtsliberalismus vereinbar, geben diesem Liberalismus aber ein jeweils anderes Gesicht. Die eine Variante wird eher zum „Libertarianism“ im Sinne Nozicks neigen (wobei betont werden muß, daß auch Nozick durchaus soziale Wohltätigkeit aus privater Initiative befürwortet, diese aber eben nicht per Gesetz durchsetzen will), die andere wird dagegen eher sozialdemokratischen Vorstellungen (im Sinne der amerikanischen „liberal Democrats“) ähneln.

Der hervorragende Repräsentant einer Gerechtigkeitstheorie, die eine solche Verbindung liberaler und sozialer Elemente anstrebt, ist John Rawls mit seiner Theorie eines idealen Gesellschaftsvertrags. Rawls versteht seine Theorie allerdings ausdrücklich als Gegenposition zum Utilitarismus; und, wie schon angedeutet, hat Mill einige Schwierigkeiten, weil er sich allein auf den Utilitarismus als Begründungstheorie berufen will.

Mills offizielle Begründungstheorie: Utilitarismus statt Naturrechtslehre

Wie schon der Stammvater der Theorie des Utilitarismus, Jeremy Bentham, der die Rede von Rechten als „Unsinn auf Stelzen“ bezeichnete, lehnt auch Mill die einfache Berufung auf abstrakte Rechte ab: „Ich halte es für geraten, hier zu erklären, daß ich auf jeden Vorteil verzichte, den man für meine Beweisführung aus der Idee eines abstrakten, vom Nützlichkeitsprinzip unabhängigen Rechtes ableiten könnte“ (R 18). Allerdings läßt schon der direkt anschließende Satz Mills den Verdacht aufkommen, daß er sich mit seinem Verständnis des Nützlichkeitsprinzips als Begründungsinstanz doch schon weiter vom kalkülisierenden Utilitarismus entfernt hat, als seine Bekenntnisse vermuten lassen: „Ich betrachte

Nützlichkeit als letzte Berufungsinstanz in allen ethischen Fragen, aber es muß Nützlichkeit im weitesten Sinne sein, begründet in den ewigen Interessen der Menschheit als eines sich entwickelnden Wesens" (R 18). Mill geht es in „Über die Freiheit" primär um die Entwicklung der Menschheit auf dem Weg der freien Entfaltung jedes einzelnen. Seine Bezugnahme auf den Utilitarismus läßt sich daher vielleicht besser verstehen als Abgrenzung gegen eine Form der Naturrechtslehre, die für bestimmte Normen Evidenz beansprucht und damit einer weiteren Kritik entzieht oder die Grenze zwischen moralischen und rechtlichen Vorschriften unzureichend beachtet.

Interessant ist in diesem Zusammenhang, daß Mills Theorie hier eine Verwandtschaft mit den ursprünglichen Motiven Benthams aufweist.[11] Diesem ging es in erster Linie um eine Kritik des britischen Rechtssystems seiner Zeit. Er betonte, daß der Zweck des Rechtssystems das Wohl der Bürger und nicht die Durchsetzung des göttlichen Willens ist. Der Strafvollzug hat danach nicht den Zweck, moralische Schuld zu vergelten, sondern soll allein nach Abschreckungs- oder Therapiegesichtspunkten ausgerichtet werden. Wie Mill lehnte schon Bentham den Rechtsmoralismus ab: Das Recht soll nicht zur Verhinderung unmoralischer Handlungen eingesetzt werden, solange niemandem Schaden zugefügt wird. Im übrigen zeigt sich hier auch eine weitere Verbindung zum oben ausgeklammerten Problem der Willensfreiheit: Die von liberalen Rechtstheoretikern in der Regel vertretene Theorie des Kompatibilismus (bzw. „weichen Determinismus") läßt sich theoretisch gut mit der Befürwortung zukunftsorientierter Strafmaßnahmen verbinden, nicht aber mit dem Verständnis der Funktion des Strafrechts als Vergeltung moralischer Schuld.

Ablehnung der Berufung auf einen „moralischen Sinn":

Am Beispiel religiöser Fanatiker zeigt Mill, daß die Berufung auf einen „moralischen Sinn" nicht nur nicht vor Fehlbarkeit schützt, sondern auch oft genug gerade zur Unduldsamkeit und dem Anspruch auf Gehorsam führt (R 13 f). Diese Berufung ist theoretisch unzureichend, weil sie bestimmte Intuitionen ungeprüft zu gültigen Erkenntnissen erheben will; und sie ist praktisch gefährlich, weil der von solchen Evidenzgefühlen Ergriffene intoleranten Bekeh-

---

[11] Vgl. zum Folgenden Tom L. Beauchamp, *Philosophical Ethics: An Introduction to Moral Philosophy* (New York, 1982), S. 73 f.

rungseifer entwickelt. Mill weist darauf hin, daß die verschiedenen religiösen Sekten sich zwar gegen die jeweils herrschende Universalkirche erheben, zur Macht gekommen aber lediglich die alten Zwänge mit neuen Inhalten füllen, „statt mit Ketzern gemeinsame Sache in der Verteidigung der Freiheit zu machen“ (R 13).[12] Die von Mill abgeleitete Forderung der religiösen Gleichgültigkeit (zumindest des Rechts) dient ihm im folgenden als Aufhänger für die Behandlung allgemeinerer (insbesondere moralischer) Überzeugungen, die über den engen religiösen Rahmen hinausgehen.

Mills berechtigte Kritik der unbegründeten Berufung auf bloße moralische Gefühle oder Intuitionen darf allerdings nicht so verstanden werden, als ob damit jede Theorie, die sich auf „Intuitionen“ beruft, als unzureichend nachgewiesen wäre. Es gibt einen harmlosen Sinn, in dem dieser Begriff aufgegriffen werden kann, nämlich im Sinne unserer wohlerwogenen Überzeugungen bezüglich konkreter Einzelfälle. Wie wir sehen werden, ist auch Mill des öfteren auf Plausibilitätserwägungen angewiesen, die an unsere unmittelbare Beurteilung von Einzelfällen appellieren. Natürlich genügen solche „Intuitionen“ nicht zur Begründung eines intersubjektiv gültigen Urteils. Aber sie bilden wohl eine unverzichtbare Voraussetzung.[13]

Mills Kritik der Rede von einem „moralischen Sinn“ hat noch einen anderen Zweck: Sein Eintreten für individuelle Freiheitsrechte betrifft nicht allein die Institution des Rechts.

„Schutz gegen die Tyrannei des vorherrschenden Meinens und Empfindens“ (R 10):

Für Mill wird die individuelle Freiheit nicht nur durch Rechtsvorschriften gefährdet, sondern auch durch moralischen Druck. Die

[12] Bertrand Russell wies einmal ironisch darauf hin, daß es bei manchen Protestanten sogar vorkam, daß sie selbst dann noch religiöse Toleranz forderten, als sie zur Macht gekommen waren.

[13] Akzeptable Varianten dieser Berufung auf Intuitionen ohne metaphysische Ansprüche auf Evidenz finden sich bei Humes Interpretation des „moralischen Sinns“ („moral sense“) und bei Rawls' Rede von „Intuitionen“ und einem „Gerechtigkeitssinn“ („sense of justice“). (Analog dazu kann man alltagssprachlich ja auch ganz harmlos von einem „Sinn für Humor“ sprechen.) Eine solchermaßen „vernünftige“ Rekonstruktion von Humes Moraltheorie ist zu finden in: Bernd Gräfrath, *„Moral Sense“ und praktische Vernunft: David Humes Ethik und Rechtsphilosophie* (Stuttgart, 1991).

Gesellschaft hat die Tendenz, durch subtilere Mittel als gesetzliche Strafen dem einzelnen die in der jeweiligen Gesellschaft üblichen Ideen und Praktiken aufzuzwingen. Auch dies will Mill zurückdrängen. Er lehnt nicht nur eine Priesterherrschaft ab, die alle Bereiche der Lebensführung unter ihre Rechtsaufsicht stellen will, sondern er lehnt z. B. auch den puritanischen Geist ab, der die gesamte Privatsphäre durchdringt bzw. diese aufhebt (R 21 f).[14] Es geht Mill aber nicht allein um die Kritik der fehlenden Trennung von Staat und Kirche: Die religiösen Beispiele bilden für ihn nur einen Spezialfall für den Glauben an ein vermeintliches (moralisches) Recht der geistigen Beherrschung von Individuen. Die religiös begründeten Überzeugungen sind allerdings besonders gefährlich, weil religiöse Fanatiker ihrer eigenen Weltanschauung besonders unkritisch anhängen und außerdem in der Regel einen besonders ausgeprägten missionarischen Eifer entwickeln, der nicht unbedingt die menschenfreundlichsten Formen annimmt. Aus diesem Grund kritisiert Mill auch das Ideal einer Zwangsherrschaft der Gesellschaft über das Individuum durch „moralische Mittel", wie es von dem Positivisten Auguste Comte – mit dem er in vielen anderen philosophischen Fragen übereinstimmte – vertreten wurde (R 22). Nicht von Mill angesprochen wird in diesem Zusammenhang allerdings ein Problem,

das Problem der Grenzziehung der gerechtfertigten Einflußnahme durch außerrechtliche Mittel.

Einerseits soll der einzelne auch vor der Tyrannei der öffentlichen Meinung geschützt werden, die jedem Individuum bestimmte Lebensregeln aufzwingen will (R 10). Andererseits sagt Mill selbst in seinem liberalistischen Programm, daß es sehr wohl erlaubt ist, anderen Vorhaltungen zu machen, sie zu überreden und mit ihnen zu unterhandeln (R 17). Hier ist ein Unterscheidungskriterium vonnöten; und zwar nicht nur zur Lösung des eher „zivilen" Problems, sondern auch für den Bereich des Rechts selbst. Mills Gesellschaftsideal sieht nämlich bestimmte Zwangsmaßnahmen vor, die über das Schadensprinzip hinausgehen, wobei u.a. eine bestimmte Einsicht des Rechtspaternalismus als begründendes Prinzip übernommen werden soll. Auch hier stellt sich für den Liberalisten die

[14] Heute findet sich dieser Geist wohl am ehesten im christlichen Fundamentalismus der amerikanischen Südstaaten (vgl. die selbsternannte „Moral Majority") und im islamischen Fundamentalismus des Mittleren Ostens (vgl. die Idee der Errichtung eines „Gottesstaats").

Aufgabe, ein Kriterium anzugeben, das eine Grenzziehung ermöglicht, um nicht das Prinzip des Rechtspaternalismus selbst aufzunehmen. Diese Grenzziehung gelingt in beiden Fällen, indem der Liberalist zwischen begründeten und unbegründeten Handlungsabsichten unterscheidet. Im obigen Fall würde dies nahelegen, die öffentliche Einflußnahme auf *argumentative* Mittel zu beschränken. Im rechtlichen Bereich ergibt sich analog – wie im nächsten Punkt zu zeigen sein wird – eine Unterscheidung zwischen zwei Formen des Paternalismus, von denen eine mit dem Rechtsliberalismus vereinbar ist, wenn sie auch vielleicht eine Einschränkung des radikalen Programms bedeutet.

Erste Einschränkung des rechtsliberalistischen Programms: Die Freiheitsforderung gilt nicht für Kinder oder Unreife. (R 17)

Diese Einschränkung sollte eigentlich selbstverständlich sein, ist aber nicht in allen Aspekten unproblematisch. Ein Rechtspaternalist könnte Mills Erläuterung nämlich aufnehmen und behaupten, daß auch (dann nur *scheinbar*) reife Erwachsene in ihrer individuellen Freiheit eingeschränkt werden müssen, wenn sie sich verrückt benehmen, um sie vor den Folgen ihrer eigenen Handlungen zu schützen: Wenn man z. B. jemanden sieht, der sich gerade seine Hand abhacken will, wird man ja wohl unterbindend einschreiten dürfen!

Für Mill bestehen nun – wie bei allen Testfällen für seinen Liberalismus – zwei grundsätzliche Möglichkeiten der Entgegnung: Er kann einfach auf seinem Prinzip bestehen, in den sauren Apfel beißen und die angeführten Konsequenzen unterschreiben (was allerdings in dem genannten Fall seine Theorie so unplausibel machen würde, daß sie allgemein abgelehnt werden dürfte); oder er muß einen anderen Weg finden zu zeigen, wie unsere Bewertung in konkreten Einzelfällen (wie dem angeführten) mit seinem radikalen Liberalismus vereinbar ist. Dieser zweite Weg ist, wie wir sehen werden, tatsächlich allgemein gangbar; und damit bildet der Rechtsliberalismus im Sinne Mills eine attraktive (oder zumindest ernstzunehmende) Theorie über das angemessene Verhältnis zwischen staatlicher Autorität und individueller Freiheit. Es muß allerdings angemerkt werden, daß in manchen Fällen nur eine Änderung unseres Einzelurteils im Licht des allgemeinen Prinzips plausibel gemacht werden kann. (Der Liberalist kann dem noch hinzufügen, daß die konkurrierenden Prinzipien des Rechtsmoralismus und des Rechtspaternalismus in jedem Fall zu unplausibleren bzw. inakzeptableren Konsequenzen gezwungen sind.)

Die Strategie des Liberalisten kann gut anhand der Diskussion von drei Beispielen dargestellt werden, die auf den ersten Blick eine paternalistische Position nahezulegen scheinen: a) Man sieht, wie sich ein Erwachsener gerade eine Hand abhacken will; b) ein Erwachsener berichtet, daß er ohne Sauerstoffmaske den Mount Everest besteigen will; c) Motorradfahrer, die erwachsen und im Besitz eines Führerscheins sind, fahren ohne Helm. Die Diskussion dieser Beispiele geschieht am besten, indem man eine moderne begriffliche Unterscheidung einführt, die zwar nicht explizit bei Mill zu finden ist, aber in voller Übereinstimmung mit seiner Theorie steht.

Joel Feinberg unterscheidet zwischen einem „harten" und einem „weichen" Paternalismus. Der weiche Paternalismus (der nach Feinberg sogar besser „weicher *Anti*-Paternalismus" genannt wird) ist dabei mit dem Rechtsliberalismus vereinbar. Während der harte Rechtspaternalist grundsätzlich Verhalten auch dann strafrechtlich verfolgen will, wenn es nur dem so Handelnden und niemandem sonst Schaden zufügt bzw. zufügen könnte, fragt der Liberalist zunächst einmal nach der *wohlüberlegten Willentlichkeit* einer solchen Handlung. Im Falle desjenigen, der sich gerade eine Hand abhacken will, muß davon ausgegangen werden, daß diese wohlüberlegte Willentlichkeit nicht gegeben ist. Der Liberalist würde deshalb fordern, daß der Staat das Recht hat, eine solche Handlung zunächst zu unterbinden und zu prüfen, ob dieser Erwachsene gute Gründe für seine Handlungsabsicht hat – was praktisch undenkbar ist. Damit wäre nachgewiesen, daß der Erwachsene unreif ist und die Voraussetzungen für die Zuerkennung weitreichender Freiheiten nicht besitzt. Entscheidend ist bei dieser Argumentation für den Liberalisten, daß die Einschränkung nicht geschieht, weil die beabsichtigte Handlung nach allgemeiner Ansicht dem so Handelnden schaden würde und deshalb gegen dessen Willen unterbunden werden muß, sondern weil gar kein ernsthafter, wohlerwogener Willensentschluß vorliegt. Im Fall des Bergsteigers ohne Sauerstoffmaske ist dagegen die Lage schon etwas schwieriger. Zwar könnte auch hier der Liberalist dem Staat das Recht zugestehen, einen reifen Menschen vor seiner eigenen Unwissenheit zu schützen, indem überprüft wird, ob dieser Bergsteiger seine Entscheidung wirklich wohlüberlegt im Wissen um alle relevanten Tatsachen getroffen hat. Wenn sich aber herausstellen sollte, daß seine Entscheidung wirklich wohlüberlegt ist und er die eventuell bestehenden Risiken in Kauf zu nehmen bereit ist, dann besteht für den Liberalisten seitens des Staates kein Recht,[15] die beabsichtigte Handlung zu unterbinden – immer vorausgesetzt natürlich, daß kein anderes

Prinzip, wie das, Schaden von anderen abzuhalten, berührt wird. Diese letztgenannte Klausel könnte bei dem dritten Beispiel wirksam werden: Auch wenn die betroffenen Motorradfahrer glaubhaft machen können, daß sie im Wissen um alle damit verbundenen Risiken ohne Helm fahren wollen, könnten sie in einem rechtsliberalistischen Modell dennoch per Strafandrohung zum Tragen von Helmen gezwungen werden, weil sie andernfalls anderen – wenn auch nur indirekt – Schaden zufügen. Als schwerverletzte Opfer eines Unfalls brauchen sie z. B. einen längeren Krankenhausaufenthalt, wodurch zusätzliche Kosten entstehen, die auch langfristige und weitreichende Folgen haben (etwa für die Erhöhung der Versicherungsbeiträge). Es ist allerdings denkbar, daß ein Motorradfahrer plausibel machen kann, daß er bereit ist, alle möglichen Folgekosten zu tragen, nur um seine „Helmfreiheit" zu verteidigen. Dies wäre dann für den Einzelfall zu prüfen. Generell ist aus der Perspektive des weichen Paternalismus zu Fragen dieser Art zu sagen, daß die Beweislast in diesen Fällen bei demjenigen liegt, der solche außergewöhnlichen Vorhaben verfolgt. Je außergewöhnlicher ein Vorhaben dabei ist, desto strenger muß auch die Prüfung der wohlüberlegten Willentlichkeit sein.

Auf diese Weise läßt sich zeigen, daß die Kritik eines Paternalisten, der von der Rechtfertigung der Einschränkung der Freiheit von Kindern auf die Einschränkung der Freiheit derjenigen Erwachsenen, die nicht genügend auf ihr eigenes Wohl achten, schließt, zu kurz greift. Der Rechtsliberalist schränkt die Freiheit der Kinder primär nicht deswegen ein, weil ihnen sonst Schaden zustoßen könnte, sondern weil sie nicht in der Lage sind, wohlüberlegte, wohlinformierte Entscheidungen zu treffen.[16] Mills erste Einschränkung ist daher sehr wohl vereinbar mit der Ablehnung des (harten) Paternalismus für reife Erwachsene: Sie werden per Gesetz nicht vor eigenem Schaden, sondern nur vor unüberlegten Handlungen bewahrt.

---

[15] Hier ist vor der Doppeldeutigkeit des Begriffs „Recht" zu warnen. Mill behauptet natürlich nicht, daß empirisch kein Gesetz besteht, das eine solche Aktion unter Strafe stellt. Er vertritt vielmehr die These, daß der Staat eine solche Aktion nicht verbieten *sollte:* Der Staat hat nach Mill kein *moralisches* Recht, hier per Gesetz einzuschreiten.

[16] Aus einer solchen anti-paternalistischen Perspektive würde man übrigens auch für die Behandlung von Kindern fordern, daß sie den für sie getroffenen Entscheidungen zustimmen können, wenn sie reife Erwachsene geworden sind!

Zweite Einschränkung des rechtsliberalistischen Programms: Die Freiheitsforderung gilt nicht für Barbaren. (R 17)

Mills zweite Einschränkung ist schon weniger selbstverständlich. Für Rassen in „zurückgebliebenen Entwicklungszuständen" rechtfertigt Mill den Despotismus als legitime Regierungsform – unter der Voraussetzung, daß die Vervollkommnung der Barbaren das Ziel des Herrschers ist und dieser seine Mittel entsprechend erfolgreich wählt. Dies klingt für heutige Ohren vielleicht allzusehr nach Imperialismus im Sinne der Kolonisatoren des englischen Weltreichs. Man sollte allerdings beachten, daß selbst John Rawls seine idealen Gerechtigkeitsprinzipien nicht auf allen Entwicklungsstufen für direkt anwendbar hält.[17] Dieser Punkt ist aber weniger relevant für das eigentliche Thema von Mills Abhandlung; und im folgenden wollen wir uns mit Mill auf die Frage nach dem angemessenen Verhältnis von individueller Freiheit und staatlicher Autorität in einer modernen westlichen Demokratie konzentrieren. Mill fordert dabei Freiheit für drei Bereiche.

Die drei Bereiche menschlicher Freiheit (R 20):

1. Gewissensfreiheit

Zur Gewissensfreiheit rechnet Mill

a) die innere Freiheit des Denkens und Fühlens, so daß niemand für seine Meinungen bestraft werden darf, ganz gleichgültig, welche Themen (praktischer oder philosophischer, wissenschaftlicher, moralischer oder theologischer Art) sie betreffen; aber auch
b) die äußere Freiheit, die eigenen Meinungen in Wort und Schrift vertreten zu dürfen.

Mill bezeichnet die Unterpunkte a) und b) als „praktisch untrennbar", aber dies ist nicht der Fall. Wie wir noch sehen werden, übernimmt Mill in sein rechtsliberalistisches Programm, ohne groß darauf hinzuweisen, in einem bestimmten Ausmaß auch das oben so genannte „Ärgernisprinzip." Dieses kann sich aber – wenn es über den Bereich der Bewertung von provozierenden *Praktiken* hinaus angewandt wird – jedenfalls nicht auf private Gedanken, sondern nur auf *öffentlich vertretene* Meinungen beziehen.

---

[17] Vgl. John Rawls, *A Theory of Justice,* S. 248 [dt. S. 280].

2. Freiheit der Lebensgestaltung

Jeder soll die Freiheit haben, sein Leben an den eigenen Charaktereigenschaften auszurichten, „und zu tun, was uns beliebt, ohne Rücksicht auf die Folgen und ohne uns von unseren Zeitgenossen stören zu lassen – solange wir ihnen nichts zuleide tun –, selbst wenn sie unser Benehmen für verrückt, verderbt oder falsch halten" (R 20). Dieser Punkt betrifft das zentrale Anliegen von Mills Essay: Er preist den Wert der Individualität und Originalität.

3. Freiheit der gesellschaftlichen Vereinigung

Mit dieser Freiheit kommt wieder ein sozialer Aspekt ins Blickfeld. Mill erkennt, daß soziale Gegebenheiten das Ausmaß individueller Freiheit beeinflussen. Aus diesem Grund befürwortetet er die Gründung von Genossenschaften und Gewerkschaften. (Er selbst war aktiv in der „Land Tenure Association", die sich für die Kontrolle der wirtschaftlichen und politischen Macht der Großgrundbesitzer einsetzte.[18])

Mills Hauptinteresse gilt Punkt 2, aber aus strategischen Gründen hält er es für geschickter, zunächst auf die theoretisch unkontroverse Gedankenfreiheit einzugehen, um auf dieser Grundlage weiterreichende Konsequenzen zu ziehen. Dies soll dann auch diejenigen von dem Wert individueller Freiheit überzeugen, die sonst nur die Interessen der Gesamtgesellschaft beachten. Die Vertreter allein dieser Interessen kritisiert Mill in einer Weise, die den Tenor seiner gesamten Diskussion widerspiegelt: „Sie haben sich mehr mit der Untersuchung beschäftigt, was für die Gesellschaft wünschenswert sei oder nicht, statt die Frage aufzuwerfen, ob diese Wünsche für die Individuen Gesetz werden sollten" (R 13). Ob nicht aber gerade die Utilitaristen zu diesen „Interessenvertretern" gerechnet werden müssen, ist eine offene Frage, die es noch zu behandeln gilt.

---

[18] Vgl. das Nachwort von Manfred Schlenke in der Reclam-Ausgabe von „Über die Freiheit", S. 176.

3. Zu Mills Kapitel „Über die Freiheit des Gedankens und der Diskussion“

Schon in der Einleitung weist Mill darauf hin, daß die Gesetze in England liberaler sind als in den meisten anderen Ländern Europas, dafür das „Joch der öffentlichen Meinung“ in seinem Heimatland aber besonders schwer zu spüren ist (R 15). Entsprechend behandelt er in seinem Kapitel über die Gedankenfreiheit (zu der er auch die Pressefreiheit zählt) nicht nur die Frage, inwieweit das Recht die freie Meinungsäußerung unterbinden darf, sondern gleichzeitig auch, wo die Grenzen der Beschränkung dieser Freiheit durch „zivile“ Mittel im gesellschaftlichen Umgang miteinander liegen sollten. Da Mill die Grenzen der Gedanken- und Pressefreiheit sehr weit ziehen will, liegt das Hauptgewicht seiner Untersuchungen auf der Erörterung dieser radikal-liberalen Position und der Argumente ihrer Gegner.

Zum Stand der Pressefreiheit in England und in anderen Ländern Europas

Nach Mill ist bei Regierungen, die an eine Verfassung gebunden sind, heute (d. h. für ihn: Mitte des 19. Jahrhunderts) nicht mehr damit zu rechnen, daß sie die Freiheit, eine Lehre vorzutragen und zu debattieren, einschränken werden – obwohl auch das, wie Mill in einer nachträglich eingefügten Fußnote belegt, noch nicht sicher ist. Die große Ausnahme zu dieser Regel bildet die Tendenz von Regierungen, diese Freiheit doch einzuschränken, wenn sie damit einer allgemeinen Unduldsamkeit der Öffentlichkeit entgegenzukommen scheinen (R 25). Diese Sachlage könnte für manchen befriedigend erscheinen, ist es nach Mill aber gerade nicht: Weder die beste Regierung noch das Volk – oder beide in Übereinstimmung, was dann wegen der zu großen Macht *besonders* gefährlich wäre – haben das Recht, die freie Meinungsäußerung einzuschränken. Auch darf in solchen Fragen keine Statistik, Abstimmung oder ein sonstiges Kalkül als Begründungsprinzip herangezogen werden.

Absage an die Berücksichtigung von Mehrheitsverhältnissen bei der Beurteilung der Meinungsfreiheit:

„Wenn alle Menschen außer einem derselben Meinung wären und nur dieser einzige eine entgegengesetzte hätte, dann wäre die ganze Menschheit nicht mehr berechtigt, diesen mundtot zu machen, als er, die Menschheit zum Schweigen zu bringen, wenn er die Macht hätte“ (R 25). Diese Forderung scheint sehr weit von dem Nutzenskalkül des Utilitarismus entfernt zu sein. Allerdings gibt Mill eine Rechtfertigung, die diese Verbindung wieder herzustellen trachtet. Die Berücksichtigung der Wünsche und Mehrheitsverhältnisse in der Bevölkerung müßte nämlich nach Mill tatsächlich einen Unterschied machen in der Beurteilung einer jeweiligen Meinungsäußerung, *wenn* durch ein Verbot nur derjenige negativ betroffen würde, der diese von den Überzeugungen der Mehrheit abweichende Meinung äußert (R 25 f). Dies ist aber nach Mill nicht der Fall, denn – wie er später noch ausführlich darlegt – „das besondere Übel der Unterdrückung einer Meinungsäußerung liegt darin, daß es am menschlichen Geschlecht als solchem Raub begeht, an der Nachwelt so gut wie an den Mitlebenden, an denjenigen, die von dieser Meinung nichts wissen wollen, noch mehr als an denen, die sie vertreten“ (R 26). Mill will sich in letzter Instanz, wie wir auch im nächsten Punkt sehen werden, doch auf die übergeordneten Interessen der gesamten Menschheit berufen. Damit hätte für ihn das Recht der freien Meinungsäußerung (im legalen wie auch im nur „zivilen“ Sinne) letztlich doch keine eigenständige Basis, die ihm eine Fundierung unabhängig von anderen Erwägungen geben könnte. Der kritische Punkt dabei ist, daß eine solche Begründung in Abhängigkeit von einer empirischen These gerät, die nicht zweifelsfrei bewiesen werden kann: Wie soll man mit Sicherheit wissen, daß für alle künftigen Streitfälle die Interessen der Menschheit am besten durch die Garantie der Meinungsfreiheit befriedigt werden können? Man könnte stattdessen an die Intuition appellieren, daß Gedanken- und Pressefreiheit einen Eigenwert haben, der weder einer weiteren Begründung fähig ist noch einer solchen bedarf – wie dies Vertreter einer intuitionistischen Moraltheorie behaupten würden.[1] Ein anderer Weg wäre es, die grundlegenden Überzeugungen

[1] Moderne Vertreter dieser moralphilosophischen Schule sind Harold A. Prichard und William D. Ross. Besonders prägnant formuliert ist diese Position in Harold A. Prichard, „Does Moral Philosophy Rest on a Mistake?“ (1912), in: Ders., *Moral Obligation and Duty & Interest: Essays and*

einer Gesellschaft oder einer ganzen Zivilisation (etwa der westlichen Kulturen seit der Französischen Revolution) herauszuarbeiten – wie dies von Rawls in seinen neueren Schriften angestrebt wird.[2] Eine solche Untersuchung könnte einen übergreifenden Konsens bezüglich bestimmter Werte (z. B. „Freiheit, Gleichheit, Brüderlichkeit") aufzeigen, auf dessen Grundlage die Ableitung allgemein zustimmungsfähiger Folgerungen bezüglich konkreter Gerechtigkeitsfragen angegangen werden könnte.

Mill würde dem wohl entgegenhalten, daß diese alternativen Projekte entweder keine wirkliche Begründung leisten können oder kein eindeutiges Ergebnis liefern. Die systematische Diskussion zu diesen Fundierungsfragen verläuft auch heute noch kontrovers und kann hier nicht weiter behandelt werden. Es sei aber darauf hingewiesen, daß wir weiter unten sogar bei Mill selbst noch eine andere Art der Begründung, nämlich in Form eines transzendentalen Arguments finden. Mills Selbstverständnis geht aber eher in eine andere Richtung.

Teleologische Rechtfertigung der Gedanken- und Pressefreiheit

Mit seiner Begründung, die sich auf die übergreifenden Interessen der gesamten Menschheit beruft, stellt sich Mill in die Tradition teleologischer Theorien, die sich letztlich von Aristoteles ableiten. Teleologische Theorien (*telos* = Ziel, Zweck) in der normativen Ethik sind dadurch charakterisiert, daß sie zunächst das höchste außermoralische Gut bestimmen und dann die moralisch richtige Handlung als diejenige bestimmen, die die größtmögliche Summe dieses Guts hervorbringt. (Deontologische Theorien betonen demgegenüber, daß der verbindliche Charakter bestimmter Pflichten nicht allein auf deren maximierende Funktion bezüglich eines unabhängig davon bestimmten Zwecks zurückgeführt werden kann.) Diese teleologische Ausrichtung nimmt meist die Form einer utilitaristischen Theorie an, bei der das zu maximierende Gut als „Glück" oder „Lust" bestimmt wird. (Typischerweise tauchen dabei Probleme bezüglich Fragen der Verteilungsgerechtigkeit auf, da

---

Lectures (Oxford, 1968), S. 1-17 [dt. „Beruht die Moralphilosophie auf einem Irrtum?", in: Günther Grewendorf u. Georg Meggle (Hrsg.), *Seminar: Sprache und Ethik: Zur Entwicklung der Metaethik* (Frankfurt a.M., 1974), S. 61-82].

2 Vgl. John Rawls, „Justice as Fairness: Political not Metaphysical", *Philosophy and Public Affairs* 14 (1985), S. 223-251.

ein bestimmtes Maximum sehr unterschiedlich verteilt werden kann – und eine bestimmte Gesellschaftsform kann ungerechter als eine andere sein, selbst wenn sie in der Gesamtaddition einen größeren Gesamtnutzen produziert.[3]) Eine aristotelische Theorie im engeren Sinne könnte dagegen bestimmte Werte sowohl als Mittel zur Erreichung der *eudaimonia* (verstanden als „Glück" in einem sehr umfassenden Sinne) als auch als Teile dieser *eudaimonia* selbst auffassen. Analog zu Aristoteles' Behandlung des Verhältnisses von Tugenden und *eudaimonia*[4] ist ein Verhältnis von persönlichen Freiheitsrechten und gesamtgesellschaftlichem Fortschritt denkbar, das mögliche Konflikte zwischen beiden von vornherein ausschließt. Dieser Weg würde wohl am besten mit Mills Vorstellungen übereinstimmen; seine Voraussetzung ist allerdings nicht offensichtlich empirisch haltbar.

Mill legt das Schwergewicht seiner Argumentation aber gerade auf den Aspekt der kurz- und insbesondere langfristigen Interessen der gesamten Menschheit. Manche Passagen klingen sogar so, als verträte Mill die noch weiter gehende These, daß jeder einzelne Mensch zumindest langfristig von der Meinungsfreiheit jedes einzelnen profitiert (wenn er etwa – wie zitiert – behauptet, daß die Unterdrückung einer Meinungsäußerung den Unterdrückern noch mehr schadet als den Unterdrückten (R 26)). Damit ginge er über den Utilitarismus hinaus in Richtung eines egoistischen Gesellschaftsvertrags[5] (der sich nicht auf den Egoismus des Kollektivs, sondern auf den kollektiven Egoismus gründet). Wenn Mill dies nachweisen könnte, hätte er es wohl sehr einfach, jeden von dem Nutzen individueller Freiheiten zu überzeugen. Allerdings sind auf diesem Weg noch schwierigere Probleme zu meistern als auf demjenigen einer utilitaristischen Rechtfertigung. Daher wollen wir im folgenden das Hauptgewicht der Erörterungen auf Mills utilitaristische (bzw. noch allgemeiner: teleologische) Argumentation legen.

---

[3] Vgl. Nicholas Rescher, *Distributive Justice: A Constructive Critique of the Utilitarian Theory of Distribution* (Washington, D.C., 1982; urspr. 1966).

[4] Vgl. dazu: John McDowell, „Virtue and Reason", *The Monist* 62 (1979), S. 332-350; John McDowell, „The Role of Eudaimonia in Aristotle's Ethics", in: A.O. Rorty (Hrsg.), *Essays on Aristotle's Ethics* (Berkeley, 1980), S. 359-376.

[5] Eine solche Theorie in der Tradition von Hobbes wird heute vertreten bei David Gauthier, *Morals by Agreement* (Oxford, 1986).

Mill will die Freiheit des Gedankens und der Diskussion durch zwei Hauptthesen begründen: „Wir können nie sicher sein, daß eine Meinung, die wir zu ersticken bemüht sind, falsch ist – und wenn wir auch sicher wären, würde das Unterdrücken immer noch eine Schmach sein" (R 26). Beide Thesen werden von Mill unabhängig voneinander ausführlich diskutiert.

Erste Hauptthese zur Begründung der Meinungsfreiheit: „Die Meinung, die man durch Autorität zu unterdrücken versucht, ist möglicherweise richtig." (R 26)

Mill setzt zunächst die Aufrichtigkeit der Unterdrücker voraus und nimmt an, daß sie im besten Glauben eine unliebsame Meinung bekämpfen. (Der Fall einer heuchlerischen Herrschaftspolitik erfordert eine separate Behandlung.) In jedem Fall ist den Unterdrükkern entgegenzuhalten, daß der Schluß von einer subjektiven Gewißheit auf eine allgemeingültige Wahrheit nicht erlaubt ist: Niemand ist unfehlbar. Mill hält dies für ein einfaches, aber schlagendes Argument (was es auch ist). Das Problem ist aber, daß dies im allgemeinen eine bloß theoretische Erkenntnis bleibt und nicht zu einer die menschliche Praxis leitenden bzw. ändernden Einsicht wird. Hier zeigt sich wieder Mills Methode, auf Inkonsistenzen im akzeptierten Glaubenssystem hinzuweisen und auf die Anpassung von allgemeinen Prinzipien und konkreten Einzelurteilen – hier: zugunsten einer Anerkennung der Fehlbarkeit der Überzeugungen einer beliebigen Gruppe – zu drängen. Die Ausgangslage ist klar: Jeder weiß theoretisch um die eigene Fehlbarkeit, vertraut aber gläubig den Meinungen größerer Institutionen (sich selbst, wenn er Alleinherrscher ist, seiner *peer group,* wenn er weniger mächtig ist). Die Grundlagen dieser Einstellung müssen Schritt für Schritt erschüttert werden.

Eine noch so große Gruppe ist genauso fehlbar wie ein einzelner.

Mill redet der konsequenten „Entzauberung der Welt" im Sinne Max Webers[6] das Wort. In einer Welt, in der jeder einzelne in seinen Meinungen fehlbar ist, kann auch keine Partei, Sekte, Kirche oder Gesellschaftsklasse einen exklusiven Zugang zur Unfehlbarkeit beanspruchen. Zur Zeit Mills scheint die Tendenz der Menschen, sich

[6] Vgl. Max Weber, „Wissenschaft als Beruf" (1919), in: Ders., *Gesammelte Aufsätze zur Wissenschaftslehre*, hrsg. v. Johannes Winckelmann (Tübingen, ^{7}1988), S. 612.

in blindem Glauben an irgendeine Institution zu klammern, noch sehr stark gewesen zu sein;[7] denn diejenigen, die ihre Urteile an den Überzeugungen eines ganzen Landes oder eines gesamten Zeitalters ausrichten, hält Mill schon für vergleichsweise liberal (R 27).

Mills unterschiedslose Verurteilung des Abschiebens der *Verantwortlichkeit für das eigene selbständige Urteilen* bedarf einer differenzierten Untersuchung bezüglich Tatsachen- und Werturteilen (eine Unterscheidung, die er erst später explizit einführt (R 59)). Es läßt sich zwar sinnvoll sagen, daß sich ein ganzes Zeitalter in seinen Tatsachenurteilen irrt, wenn etwa vor Galilei niemand glaubte, daß andere Planeten (neben der Erde) Monde haben könnten. Problematischer ist aber schon die Vorstellung, daß sich ein ganzes Zeitalter in seinen moralischen Normen „irrt."

Außerdem beruhen Lebensformen, zu deren Grundpfeilern sozialen Lebens Handlungsweisen gehören, die uns heute als vollkommen verfehlt oder absurd erscheinen (man denke etwa an Hexenverfolgungen im christlichen Mittelalter oder Kopfjäger im heutigen Amazonasregenwald), nicht unbedingt auf von den unseren vollkommen verschiedenen Moralvorstellungen, sondern auf verfehlten empirischen Thesen: im einen Fall bezüglich der Ausübung übernatürlicher Fähigkeiten durch ältere Damen, im anderen Fall bezüglich der Gesundheitsvorsorge durch das Beschaffen einer Reserve-Seele. Es ist durchaus denkbar, daß auch solche absurd erscheinenden Handlungsvorschriften sich allein aus der Anwendung akzeptierter allgemein-menschlicher Normen auf unterschiedliche äußere Bedingungen (wozu nicht nur empirische Bedingungen, sondern auch Weltbilder, soweit sie Aussagen über die Welt machen, zu rechnen wären) ergeben.[8]

---

[7] Allerdings gibt es auch in der heutigen Bewegung des „New Age" Anzeichen dafür, daß vielen Menschen ein Glaube an emotional befriedigende Mythen wichtiger ist als jede nüchterne Erkenntnis. Andere Motive stecken wohl hinter dem ebenfalls schädlichen, offiziell inexistenten „Fraktionszwang" im Bundestag.

[8] Dieses Argument findet sich schon bei dem (empirisch gesonnenen!) Aufklärer Hume; vgl. David Hume, *An Enquiry concerning the Principles of Morals* (1751), in: Ders., *Enquiries concerning Human Understanding and concerning the Principles of Morals,* hrsg. v. L.A. Selby-Bigge u. P.H. Nidditch (Oxford, 1975), S. 333 [dt. *Eine Untersuchung über die Prinzipien der Moral,* hrsg. v. Gerhard Streminger (Stuttgart, 1984), S. 269]. Selbst die heutige ethnologische Forschung gibt hier keine eindeutige Antwort; vgl. William K. Frankena, *Ethics,* S. 109 f [dt. S. 132 f].

Die Asymmetrie zwischen Überzeugungen über Tatsachen und Überzeugungen über Werte beruht letztlich auf dem unterschiedlichen ontologischen Status von Tatsachen und Werten. In der Sprache der analytischen Metaethik heißt das, daß Werturteile keine bloßen Tatsachenurteile sind und deshalb nicht im strengen Sinne „wahr" oder „falsch" genannt werden können. Damit soll nicht geleugnet werden, daß auch über die Angemessenheit oder intersubjektive Gültigkeit eines Werturteils eine rationale Argumentation geführt werden kann. Eine solche Argumentation entbehrt aber letztlich des zwingenden Charakters, da Werturteile ein irreduzibles, emotives Moment enthalten, dessen Vorhandensein für eine sinnvolle Diskussion immer vorausgesetzt werden muß. Wenn aber in solchen reinen Wertfragen das Urteil eines einzelnen sehr stark abweicht, obwohl über alle relevanten Tatsachen Übereinstimmung erzielt worden ist, spricht viel dafür, daß in diesem Fall mit dem Empfindungsapparat dieses einzelnen etwas nicht in Ordnung ist. Kompetente Beobachter, die sich über die relevanten Tatsachen einig sind, werden trotzdem zu einem intersubjektiv gültigen Urteil kommen. Diese wichtige Unterscheidung kann aber für die weitere Erörterung von Mills Argumentation zunächst in den Hintergrund geschoben werden, weil die in praktischen Meinungsverschiedenheiten über richtige Handlungsnormen impliziten Tatsachenurteile fast immer einen wesentlichen Streitpunkt bilden;[9] und aus diesem Grund ist Mills Kritik der blinden Orientierung an den Meinungen einer etablierten Gruppierung in jedem Fall berechtigt.

Um die Arbitrarität oder Fehlbarkeit einer jeweiligen Überzeugung aufzuzeigen, greift Mill dabei häufig auf ein Argument zurück, das leicht mißverstanden werden kann, nämlich

das kulturvergleichende Argument: andere Länder, andere Sitten (und Meinungen).

Mill behauptet, daß es vom reinen Zufall abhängt, welches Weltbild ein Mensch annimmt; „daß dieselben Ursachen, die ihn in London zum Geistlichen, ihn in Peking zum Buddhisten oder Konfuzianer gemacht hätten" (R 27). Diese Argumentation ist insoweit treffend,

[9] Man denke etwa daran, daß in der Regel sowohl die Befürworter der Aufstellung neuer Raketen als auch die Gegner einer solchen Aufstellung allem Anschein nach beide die Erhaltung des Friedens als ihr Ziel ansehen. Strittig zwischen beiden Gruppen ist aber, welcher Weg dieses Ziel wirklich sichert.

als sie zeigt, daß ganze Völker sich in ihren Überzeugungen unterscheiden können und deshalb nicht alle recht haben können: Wie groß auch immer die Anhängerschaft einer bestimmten Meinung ist, sie ist ebenso fehlbar wie die eines Individuums (R 27 f). Solche kulturvergleichenden Argumente werden allerdings oft zur Stützung eines weiterreichenden Relativismus benutzt; und diesem ist energisch entgegenzutreten. Mill sieht sehr klar, daß die Unterschiedlichkeit der Weltbilder in verschiedenen Kulturen keinesfalls einen erkenntnistheoretischen Skeptizismus begründet. Wie wir im folgenden noch sehen werden, hält Mill daran fest, daß die Wahrheit einer Aussage überkulturell beantwortet werden kann. Ebenso verteidigt Mill, wie wir unten sehen werden, den traditionellen Wahrheitsbegriff, den er u.a. deutlich vom Nützlichkeitsbegriff absetzt.

Zur Einschränkung der Reichweite von Mills kulturvergleichendem Argument muß allerdings zwischen Aspekten der *Genese* und Aspekten der *Geltung* einer Aussage (bzw. einer Theorie oder eines Weltbilds) unterschieden werden: Grundsätzlich sagt die Art der Entstehung eines Glaubens noch gar nichts über die Wahrheit eines Glaubens aus. Die Tatsache, daß ein neugeborener Londoner mit großer Wahrscheinlichkeit eher ein Anhänger des Christentums als ein Anhänger des Hinduismus werden wird, beweist an sich noch nicht, daß das Christentum nicht das einzig wahre Weltbild vermittelt. Es ist andererseits aber zu bemerken, daß, wenn kein guter Grund für die Bevorzugung des einen Glaubens gegenüber dem anderen aufzufinden ist, eine genetische Betrachtung über die zufälligen Ursachen der Annahme eines bestimmten Glaubens zur abschließenden Zurückweisung der Geltungsansprüche herangezogen werden kann (weil es dann *nur Ursachen,* aber keine *Gründe* für diesen Glauben gibt). Mill geht später noch auf die mögliche Sonderrolle des Christentums ein (die durch das kulturvergleichende Argument ja nicht grundsätzlich ausgeschlossen ist). Zunächst stellt er aber einen Einwand vor, der einen vernünftigen Sinn von Unfehlbarkeit zu retten sucht.

Einwand eines Kritikers: Es gibt zwar keine absolute, aber eine für alle praktischen Zwecke hinreichende (und immer vorausgesetzte) Gewißheit.

Ein Kritiker könnte hervorheben, daß der menschliche Verstand benutzt werden muß, auch wenn er prinzipiell fehlbar ist. Wir können und müssen unsere Meinungen sorgfältig formen und dann nach bestem Wissen und Gewissen handeln (R 28).

Dieser These ist so weit noch zuzustimmen; ja, sie betont sogar einen wichtigen Punkt, indem sie die Alternative zwischen einer absoluten Unfehlbarkeit und einem absoluten Skeptizismus als zu einseitig erweist. Sie erinnert sogar an bestimmte Gedanken Wittgensteins, die dieser in seiner Kritik von G.E. Moores „Widerlegung" Berkeleys durch die Bezugnahme auf die „Wahrheiten" der Welt des gesunden Menschenverstands äußert.[10] Während Berkeley (in der skeptischen Lesart Moores) die Realität der Außenwelt leugnet, glaubt Moore mit Gewißheit zu wissen, daß er z. B. zwei Hände hat und der Planet Erde auch vor 100 Jahren schon existierte. Wittgenstein zeigt dagegen, daß auch Moore nicht im beabsichtigten absoluten Sinne „weiß", daß die Erde vor 100 Jahren existierte.[11] Diese Überzeugung gehört allerdings zu den Grundfesten unserer Weltsicht und unterscheidet sich damit von einer bloßen Hypothese. Entscheidend ist, daß hier zwar der Begriff der Unfehlbarkeit unangemessen ist, aber dennoch zwischen bloßen Meinungen und bestimmten grundlegenden Überzeugungen unterschieden werden kann, die für unser Handeln immer schon vorausgesetzt werden müssen.

Eine andere Argumentationsmöglichkeit des Kritikers bestünde darin, in empiristischer Manier zwischen bloßen Hypothesen und gut bestätigten Theorien zu unterscheiden (eine Unterscheidung, die grundsätzlich auch von Popper gezogen wird, wenn er zwischen widerlegten und bewährten Hypothesen unterscheidet). Auch in diesem Fall würde der Kritiker betonen, daß trotz der Unmöglichkeit absoluter Gewißheit die Möglichkeit gesicherter Erkenntnis besteht.

Mill hat gegen die bisherige Argumentation des Kritikers allerdings noch gar nichts einzuwenden. Kontrovers ist erst die Folgerung des Kritikers.

Folgerung des Kritikers: Geprüfte, wohlerwogene Überzeugungen genügen als Grundlage für die Unterdrückung anderweitiger, schädlicher Meinungen.

Der gedachte Kritiker behauptet, daß unsere Gewissenhaftigkeit

---

10 Vgl. Ludwig Wittgenstein, *Über Gewißheit* (Frankfurt a.M., 1970; verfaßt 1949-1951).

11 Bertrand Russell erwähnte einmal, daß es theoretisch denkbar ist, daß die Welt erst vor wenigen Minuten geschaffen wurde (mitsamt allen „Erinnerungen").

die Unterdrückung der solchermaßen (d. h., für praktische Zwecke gewiß) als schädlich erkannten Meinungen sogar gebietet, weil alles andere Feigheit wäre (R 28). Mill hat dieser Position des Kritikers verschiedene Argumente entgegenzusetzen, die auf dessen unhinterfragte Voraussetzungen zielen.

Mills geltungstheoretische Entgegnung: Eine Ansicht kann nur dann für praktische Zwecke als richtig angenommen werden, wenn sie jeder kritischen Prüfung offensteht.

Aus der angenommenen Richtigkeit einer Überzeugung darf nicht auf das Erlaubtsein der Unterdrückung gegensätzlicher Meinungen geschlossen werden; im Gegenteil, die allgemeine (zeitlich nicht begrenzbare) Erlaubnis zur Kritik bildet die notwendige Voraussetzung für jeden Geltungsanspruch. Mit diesem transzendentalphilosophischen Argument (über die Bedingungen der Möglichkeit von Aussagen mit Wahrheitsanspruch) nähert sich Mill einer Wahrheitstheorie, die den Wahrheitsbegriff auf die mögliche Zustimmungsfähigkeit in einer „idealen Kommunikationsgemeinschaft" (um einen Habermasschen Begriff zu verwenden[12]) zurückführt. Dieser schwergewichtige Ausdruck, hinter dem sich die Idee verbirgt, daß eine wahre Aussage gegen jeden denkbaren Einwand verteidigt werden können muß, stammt zwar aus einem anderen Kontext; der zugrundeliegende Gedanke paßt aber sehr gut in Mills Gesamtkonzept, weil er die grundlegende Rolle der Meinungsfreiheit für jede Diskussion überhaupt (und damit auch für die von Mills Kritiker behauptete Schädlichkeit eben dieser Meinungsfreiheit) aufzeigt (R 29 u. R 31). Neben diesem logischen verfügt Mill aber auch über ein empirisches Argument.

Mills erste empirische Entgegnung: Selbst die intoleranteste Institution erkennt implizit die Notwendigkeit der Meinungsfreiheit an.

Mill hat bislang in seinen kulturvergleichenden Erörterungen die Weltanschauung des Christentums nicht besonders behandelt, sondern stattdessen unter Bezug auf Buddhismus und Hinduismus die Fehlbarkeit ganzer Traditionen für seine Leser plausibel gemacht.

---

[12] Vgl. Jürgen Habermas, „Wahrheitstheorien", in: Helmut Fahrenbach (Hrsg.), *Wirklichkeit und Reflexion: Walter Schulz zum 60. Geburtstag* (Pfullingen, 1973), S. 211-265.

Nach der Vermittlung dieser theoretischen Einsicht wendet er sich nun langsam auch dieser vorherrschenden Weltanschauung im zeitgenössischen England[13] zu. Mill behandelt zunächst (strategisch geschickt) den Katholizismus, der in England als besonders intolerant verschrien war. Selbst diese Kirche weiß, wie Mill (der selbst allen religiösen Glaubensäußerungen indifferent gegenüberstand und diese allein nach ihren praktischen Konsequenzen bewertet) wohl mit einigem Vergnügen erzählt, um den Nutzen der kritischen Prüfung einer Überzeugung von jedem nur denkbaren Standpunkt aus. Bei Beratungen über die Heiligsprechung eines Menschen verlangt das römisch-katholische Recht einen „Advokaten des Teufels": „Auch der heiligste der Menschen kann anscheinend jenseits des Grabes nicht zu Ehren kommen, ehe nicht alles, was der Teufel gegen ihn zu sagen hat, erklärt und erwogen ist" (R 31). Dieses empirische Argument ist zwar weniger zwingend als das vorherige, ist durch seine Anschaulichkeit aber vielleicht wirksamer. Allerdings könnte der Kritiker bezüglich dieses Beispiels behaupten, daß nach eingehender Prüfung über die Heiligsprechung schließlich doch auf der Grundlage einer gesicherten Erkenntnis entschieden wird; und analog könnte auch für die Behandlung anderer Glaubensfragen die Möglichkeit einer abschließenden Einschätzung gefolgert werden, um auf dieser Grundlage dann offensichtlich im Irrtum Befangene zum Schweigen zu bringen. Einem solchen Einwand müßte Mill dann doch wieder mit dem logischen Argument oder dem Hinweis auf die menschliche Fehlbarkeit begegnen. Zur Stützung dieses letzteren Punkts führt Mill weitere empirische Belege an.

Mills zweite empirische Entgegnung: Die Fehlbarkeit der Menschheit zeigt sich an der Verfolgung der hervorragendsten Menschen.

Mills Beispiele bilden Sokrates, Jesus und Marc Aurel, die er zu den hervorragendsten Menschen rechnet. Die ersten beiden wurden von aufrichtigen Respektspersonen in Gerichtsprozessen zum Tode verurteilt. Marc Aurel gehörte zu den gebildetsten Menschen seiner Zeit; er zeigte sein Leben lang untadelige Gerechtigkeit und ein zartfühlendes Herz. Dennoch aber hielt er es tragischerweise für seine Pflicht, die Christen zu verfolgen, weil er deren Religion als

[13] Die folgenden Ausführungen gelten aber analog auch für andere Länder und Zeiten; so etwa für die Rolle des Marxismus-Leninismus im „real existierenden Sozialismus" (soweit noch vorhanden).

Gefährdung für die Stabilität der bestehenden Verhältnisse ansah: „Kein Christ glaubte fester an die Unrichtigkeit des Atheismus und an dessen Bestreben, die Gesellschaft aufzulösen, als der Kaiser [Marc Aurel] an dieselben Dinge bei der Christenheit glaubte, er, der von allen damals Lebenden zu ihrem Verständnis vielleicht am fähigsten war“ (R 39).

Diese Beispiele legen nahe, daß selbst die gebildetsten Menschen, die sich der Richtigkeit einer bestimmten Überzeugung subjektiv gewiß sind und aufrichtig allein das Beste für alle wollen, nicht vor furchtbaren und folgenschweren Fehlern gefeit sind, wenn sie – aus welchen Gründen auch immer – mißliebige Meinungen unterdrükken wollen. Diese Gefahr ist aber dann besonders groß, wenn die Mehrheit einer Generation dieser einen Überzeugung ist. Die einzige Lösung dieses Dilemmas besteht für Mill darin, jedes Unterfangen, anderen eine bestimmte Meinung aufzuzwingen, von vornherein als anmaßend zurückzuweisen – und dies bezieht er ebenso auf die verbreitetsten Überzeugungen seiner Zeitgenossen (Glaube an Gott, ewiges Leben) wie auf alle anderen – inklusive seiner eigenen (R 34 f). Auch wenn wir uns in unserer alltäglichen Praxis auf die bestmöglich begründeten Überzeugungen (über Tatsachen und Werte) stützen müssen, so darf daraus doch nicht gefolgert werden, daß diese Überzeugungen die Unterdrückung anderer Ansichten rechtfertigen könnten.

Bislang ist Mill in seinen Erörterungen von Kritikern ausgegangen, die *aufrichtig* an die Unfehlbarkeit bestimmter Überzeugungen glauben und auf dieser Grundlage die Unterdrückung anderer Meinungen fordern. Es ist aber auch ein Kritiker denkbar, der die unbeschränkte Meinungsfreiheit für schädlich hält, selbst wenn (oder gerade weil) die herrschende Meinung fehlerhaft ist. Mit einem solchen Kritiker befaßt sich Mill ebenfalls.

Einwand eines Kritikers: Bestimmte Überzeugungen sind vielleicht nicht richtig, aber nützlich.

Menschen, die das Leben in einer entzauberten Welt nicht aushalten, wollen manche Meinungen vor öffentlichen Angriffen schützen, weil sie angeblich nützlich oder unerläßlich für unser allgemeines Wohlergehen sind – so daß die Wahrheitsfrage zweitrangig würde. Dieser Einwand beruht auf einer Unterscheidung, die analog auch in der Debatte über den Rechtsmoralismus getroffen wird und zur Verdeutlichung vorgreifend hier vorgestellt werden soll. Der Rechtsmoralismus tritt in zwei Formen auf:[14]

a) einerseits in einer dogmatischen Version, wonach es immer ein guter Grund dafür ist, die Freiheit eines Individuums einzuschränken, wenn dessen Verhalten nach den Standards der „wahren Moral“ verwerflich oder sündhaft ist, auch wenn es niemandem außer den willentlich Beteiligten Schaden zufügt;[15] und
b) andererseits in einer kulturrelativistischen Variante, wonach die Sitten einer jeweiligen Gesellschaft das Fundament der Rechtsordnung bilden, so daß die Einhaltung aller Sitten staatlich durchgesetzt werden muß.[16]

Entsprechend der zweiten Variante des Rechtsmoralismus würde der jetzt zu diskutierende Einwand eines Kritikers lauten, daß z. B. in England die Glaubenssätze des Christentums vor öffentlichen Angriffen geschützt werden müßten, weil sonst das Gemeinwesen in Gefahr geriete. Interessanterweise beruft sich ein solcher Kritiker damit letztlich auf das auch vom Liberalisten unterschriebene Schadensprinzip, nach dem solche Handlungen unerlaubt sein sollen, die andere (hier: das ganze Gemeinwesen) schädigen (R 32 f). Mit der Übereinstimmung in der normativen Frage wird die Kontroverse zu einer empirischen: Schadet die uneingeschränkte – hier: – *Diskussions*möglichkeit[17] aller Überzeugungen (also auch derer, die zu den Grundfesten der Gesellschaft gerechnet werden) tatsächlich dem Gemeinwesen? Mills Antwort ist hierzu eindeutig.

Mills Entgegnung: Kein Glaube, der der Wahrheit widerspricht, kann wahrhaft nützlich sein.

Diese These ist aus verschiedenen Gründen interessant. Einmal wird deutlich, daß Mill grundsätzlich den Wahrheitsbegriff vom

---

[14] Vgl. Joel Feinberg, *Social Philosophy,* S. 37 ff.

[15] Diese Variante wurde, was die Vielfalt der *Sitten* angeht, in der christlichen Variante besonders von James Fitzjames Stephen vertreten. Vgl. sein *Liberty, Equality, Fraternity* (London, 1873) [dt. *Die Schlagwörter Freiheit Gleichheit Brüderlichkeit in ihrer ethischen, socialen und politischen Anwendung* (Berlin, 1874)].

[16] Diese Variante wurde, was die Vielfalt der *Sitten* angeht, in der christlich-europäischen Variante besonders von Patrick Devlin vertreten.

[17] Auf die rechtsmoralistische Debatte über eine mögliche Pluralität verschiedener moralischer Standards (und zugehöriger Praktiken) in einer Gesellschaft wird weiter unten ausführlich eingegangen.

Nützlichkeitsbegriff trennt (womit er sich von einigen extremen Varianten des Pragmatismus – dem er ansonsten als Empirist und Utilitarist nahesteht – unterscheidet[18]). Dabei muß er sich gar nicht auf empirische Untersuchungen einlassen, sondern kann auf ein implizites Problem seines Kritikers hinweisen.

Mills Begründung: Auch Nützlichkeitserwägungen sind nicht unfehlbar.

Mill zeigt, daß man der Verantwortung für die inhaltliche Überprüfung der Überzeugungen nicht entgehen kann, weil auch Nützlichkeitsbetrachtungen der unvoreingenommenen Überprüfung durch kritische Geister bedürfen, wenn sie Gültigkeit beanspruchen wollen (R 33). Aus diesem transzendentalphilosophischen Grund ist dem Kritiker auch dieser Ausweg versperrt.

Auch der Versuch eines Kritikers, zwischen zweifelhaften Thesen, über die frei diskutiert werden darf, und Überzeugungen, deren Gewißheit feststeht, zu unterscheiden, scheitert aus den genannten Gründen. Er müßte die Gewißheit *bestimmter* Überzeugungen unkritisch voraussetzen. Gerade die Berechtigung einer solchen Setzung zur Unterbindung der weiteren Prüfung von Wahrheitsansprüchen ist aber strittig – wenn nicht gar selbstwidersprüchlich (R 32). Erwähnenswerter als dieser denkbare Einwand ist aber eine der Entgegnungen Mills, die sich gegen einen, wie man sagen könnte, „Schönwetter-Liberalismus" wendet: Wenn Gründe für außergewöhnliche Fälle nicht taugen, dann taugen sie überhaupt nicht (R 32). Oder, wie es ein Sprichwort der traditionell freiheitsbewußten Engländer formuliert: „Liberty dies by inches" – die Freiheit stirbt zentimeterweise.[19] Wer die Gedanken- und Pressefreiheit bezüglich bestimmter Themen ausschließt, der macht sie insgesamt zunichte. Dem Kritiker der Meinungsfreiheit bleibt damit nur noch

---

[18] Vgl. dazu die ausgewogene Darstellung der Wahrheitstheorie von William James bei Alfred Jules Ayer, *Philosophy in the Twentieth Century* (London/Boston/Sydney, 1984), S. 79-83.

[19] Die Bedeutung dieser Erkenntnis läßt sich ermessen angesichts der staatlichen Maßnahmen in der Hochphase des Terrorismus, wobei fast alle Beteiligten heute rückwirkend feststellen, daß die Legislative sich damals einer Überreaktion schuldig machte. Vgl. dazu *Die Anti-Terror-Debatten im Parlament: Protokolle 1974-1978,* zusammengestellt und kommentiert v. Hermann Vinke u. Gabriele Witt (Reinbek, 1978).

ein letzter Ausweg, der verzweifelt wirken mag, aber bedeutende Anhänger hatte:

Einwand eines Kritikers: Die Unterdrückung abweichender Meinungen ist erlaubt, weil sich die Wahrheit schon durchsetzen wird.

Dieser Kritiker verteidigt die unterdrückerische Durchsetzung der jeweils herrschenden Meinung, selbst wenn der unterdrückte Glaube (wie etwa im alten Rom) das von ihm für wahr gehaltene Christentum sein sollte (R 39). Nicht nur der von Mill genannte Dr. Johnson, auch Spinoza vertrat in seinem „Tractatus Theologico-Politicus" die Ansicht, daß z. B. neue Propheten durchaus einer Feuerprobe (zunächst wohl nur im übertragenen Sinne) unterzogen werden sollten.[20]

Mills Entgegnung:

Die Sichtweise dieses Kritikers beruht auf zwei kritikwürdigen Annahmen. Erstens ist sie empirisch unglaubwürdig: Die Wahrheit ist in der menschlichen Geschichte oft genug durch Verfolgung niedergehalten worden (R 40 f). Noch schwerwiegender ist aber ein zweiter Einwand: Das Lob der „Feuerprobe" ist menschenverachtend. Ihre Verteidiger mögen zwar die Wahrheit achten; aber sie achten nicht die *Personen,* die der Menschheit zur Erkenntnis neuer Wahrheiten verhelfen. Für Mill kann aber die Märtyrerkrone nicht als üblicher Dank für Neuerer akzeptiert werden (R 39 f). Er schließt mit dem wohl zutreffenden Verdacht, daß die Verteidiger einer solchen Sichtweise zwar rückwirkend die christlichen Propheten alter Zeit achten, jetzt aber keine neuen Ansichten mehr für wünschenswert halten (R 40). Damit entlarven sie sich aber als Reaktionäre, denen Ruhe wichtiger ist als Wahrheit.

Solche Kritiker würden vielleicht einwenden, daß Ketzer heute immerhin nicht mehr getötet werden. Wie aber Mill zeigt, werden im England seiner Zeit „Ketzer" in ernstzunehmendem Ausmaß sozial und sogar rechtlich inakzeptabel benachteiligt.

Zur rechtlichen Benachteiligung von „Ketzern" in Mills England

Ketzer werden zur Zeit Mills zwar nicht mehr getötet, aber ihnen

[20] Vgl. Spinoza, *Tractatus Theologico-Politicus / Theologisch-Politischer Traktat* (1670), in: Spinoza, *Opera / Werke,* Band 1, hrsg. v. Günther Gawlick u. Friedrich Niewöhner (Darmstadt, 1979), S. 597 f.

wird doch – ganz abgesehen von „ziviler“ Benachteiligung – der Rechtsschutz in bestimmtem Maße verweigert. So werden nur diejenigen als Zeugen zugelassen, die sich zum Glauben an Gott und an ein ewiges Leben bekennen, weil angeblich der Eid eines Atheisten wertlos ist (R 42 f). Manche Politiker fordern, es sollten nur solche Schulen staatlich unterstützt werden, in der die Bibel gelehrt wird, und Nicht-Christen (etwa Hindus und Moslems) sollten nicht zu öffentlichen Ämtern zugelassen werden. Religiöse Toleranz will man auf die Toleranz aller *christlichen* Bekenntnisse beschränken – und zwar nicht nur in England, sondern auch in seinen Kolonien (was insbesondere Indien betrifft, mit dem Mill beruflich stark beschäftigt war (R 44 f (Anm.))).[21] Mills Kritik dieser Praxis kann sich auf verschiedene gute Argumente stützen.

Mills empirisches Gegenargument:

Es gibt keine empirischen Belege dafür, daß Ungläubige unzuverlässig und unehrlich sind – im Gegenteil, viele historische Persönlichkeiten von ausgezeichnetem Charakter waren Ungläubige. Noch einfacher (und schlagender) ist aber ein zweites Argument Mills (R 43).

Mills logisches Gegenargument:

Die Regelung des Ausschlusses von Ungläubigen als Zeugen ist selbstwidersprüchlich, weil sie nur die *ehrlichen* Atheisten aussondern kann, nicht aber die charakterlosen, die sich nicht zu ihrem Unglauben bekennen (R 43). Außerdem hat Mill noch ein Argument, das an das Selbstverständnis der Christen, die Atheisten nicht trauen wollen, appelliert.

Mills theologisches Gegenargument:

Wenn Christen dem Ungläubigen allein aus dem Grund nicht trauen, weil er nicht an ein ewiges Leben glaubt, dann spricht das gegen die Moral der Christen: Ist denn die Angst vor späterer Bestrafung deren einziges Motiv zur Wahrhaftigkeit? (R 43 f)

Nach dieser Kritik an der rechtlichen Benachteiligung von Ungläubigen diskutiert Mill die Benachteiligung von Ungläubigen durch

[21] Mill war seit 1823 bei der East India Company beschäftigt und dort seit 1856 Chef der Examiner's Office im Indian House.

„zivilere“ Mittel, die nach seiner Ansicht im England seiner Zeit ein besonderes Problem darstellt.

Zur Benachteiligung von „Ketzern“ durch die öffentliche Meinung

Meinungen und Empfindungen sind in Mills England die Hauptträger eines freiheitsfeindlichen Geistes – und zwar nicht nur durch das die Unduldsamkeit fördernde Wiedererstarken der Religion (R 44 f). Mill ist sich bewußt, daß der gesellschaftliche Druck im Zusammenhang mit bestimmten wirtschaftlichen Bedingungen besonders schädlich sein kann: Für diejenigen, die *finanziell* vom guten Willen eines anderen abhängig sind, macht es keinen Unterschied, ob die Unterdrückung einer bestimmten Überzeugung durch staatliche Mittel oder durch den Druck der öffentlichen Meinung (in Gestalt des Arbeitgebers) geschieht; „man könnte ebensogut im Gefängnis sein wie der Möglichkeit beraubt, sein Brot zu verdienen“ (R 45).

Denjenigen, die sich durch diesen Hinweis nicht davon überzeugen lassen, daß auch die Unterdrückung bestimmter Überzeugungen durch außerrechtliche Mittel inakzeptable Konsequenzen hat, präsentiert Mill ein Argument, das an die Interessen der potentiellen Unterdrücker selbst appelliert. Dazu müssen aber zunächst die unmittelbaren Auswirkungen eingeschränkter Meinungsfreiheit aufgezeigt werden.

Die unmittelbaren Folgen der Tyrannei der öffentlichen Meinung: Duckmäuser statt Freigeister

Gesellschaftliche Unduldsamkeit zwingt die Menschen zur Verheimlichung ihrer wirklichen Überzeugungen. Das hat die folgenden unmittelbaren Auswirkungen (R 46 f):

a) Die Courage des menschlichen Geistes wird geopfert; offene, furchtlose Charaktere und unerschütterliche Geister werden nicht mehr herangebildet.
b) Die Menschen werden zu Verkündern von Gemeinplätzen oder zu Heuchlern, die nicht hinter ihren Worten stehen.
c) Es kommt, modern ausgedrückt, zur „Schere im Kopf“: Die Menschen schränken ihre Interessen und Ideen auf harmlose Dinge ein, die gefahrlos diskutiert werden können und die großen Fragen nicht berühren.

Die mittelbaren Folgen der Tyrannei der öffentlichen Meinung: Unterdrückte Irrtümer bestehen weiter, große Denker werden eingeschüchtert.

Ein weitergehender Nachteil der fehlenden öffentlichen Diskussion ketzerischer Ansichten besteht darin, daß auch diejenigen häretischen Meinungen weiterbestehen, die durch nähere Prüfung als falsch entlarvt werden könnten. Schwerwiegender ist aber, daß auch *die* Denker in ihrer geistigen Entwicklung gestört werden, die keine Ketzer sind: Aus Furcht vor Ketzerei wagen sie es nicht, ihren kühnen, kräftigen, unabhängigen Gedankengängen zu folgen (R 47). Große Denker müssen aber unvoreingenommen ihrem Intellekt folgen, zu welchen Schlüssen er auch immer leiten mag (R 48).

Mill schätzt das selbständige Denken, auch wenn es zu Irrtümern führt, sogar höher ein als den Besitz richtiger Ansichten, die ungeprüft übernommen werden (R 48). Modern ausgedrückt unterscheidet er hier zwischen bloßer *Information* und Wissen, das auf *Urteilskraft* beruht.[22]

Die Einschränkung der Meinungsfreiheit vielversprechender, aber furchtsamer Geister hat schließlich negative Konsequenzen für die gesamte Menschheit.

Die langfristigen Folgen der Tyrannei der öffentlichen Meinung: Nur in freier geistiger Atmosphäre gibt es menschlichen Fortschritt.

Eine allgemein hohe Stufe geistiger Tätigkeiten kann nach Mill nur dann erreicht werden, wenn keine Frage als endgültig beantwortet betrachtet wird. Eine solche hohe Stufe, die sich an der *Würde denkender Wesen* ausrichtet, hat es nach Mill in der Geschichte nicht allzu oft gegeben. Seine Beispiele sind: a) Europa unmittelbar nach der Reformation; b) Europa (insbesondere Großbritannien) in der zweiten Hälfte des 18. Jahrhunderts; c) Deutschland zur Zeit Goethes und Fichtes. Alle drei dieser Perioden waren aber gekennzeichnet dadurch, daß das *Joch der Autorität* gebrochen war (R 49).

In dem zuletzt behandelten Punkt kommt wieder Mills Betonung des Individualismus zum Ausdruck, der weit über die Forderung der Gedanken- und Pressefreiheit hinausgeht und im nächsten Ka-

---

[22] Zu dieser Gegenüberstellung vgl. Jürgen Mittelstraß, „Wissenschaft als Kultur", in: Ders., *Der Flug der Eule: Von der Vernunft der Wissenschaft und der Aufgabe der Philosophie* (Frankfurt a.M., 1989), S. 38 f.

pitel ausführlich erörtert wird. Im jetzigen Zusammenhang bildet dieser Punkt den Abschluß von Mills erster Hauptthese zur Meinungsfreiheit, in der diese grundsätzlich dadurch gerechtfertigt wird, daß man nie sicher sein kann, daß die herrschende Meinung die allein richtige ist. Nachdem dies hinreichend nachgewiesen ist, kann sich Mill der zweiten Hauptthese zuwenden (vgl. R 26).

Zweite Hauptthese zur Begründung der Meinungsfreiheit: Die Unterdrückung der Gedanken- und Pressefreiheit ist selbst dann abzulehnen, wenn die herrschende Meinung richtig ist.

Wie Mill teilweise schon im vorigen Punkt (mit der Bevorzugung selbständigen Denkens vor dem bloßen Besitz der Wahrheit) zeigte, genügt es nicht, die richtigen Ansichten zu vertreten (selbst wenn man sicher sein könnte, daß sie wahr sind) oder einfach von anderen zu übernehmen. Der Glaube an eine bestimmte, die Wahrheit verbürgende Autorität muß ersetzt werden durch die *Kenntnis der Gründe* für eine bestimmte Ansicht (R 49 f). *Vernünftige Wesen* sollten die Überlieferung überprüfen, statt sie einfach als Quelle der Wahrheit hochzuhalten. Das heißt nicht, daß die Überlieferung falsch sein muß; aber „so gefundene Wahrheit ist nur ein Aberglaube mehr, der zufällig an den Worten hängt, welche eine Wahrheit aussprechen" (R 50).

An dieser Argumentation ist interessant, daß Mill nicht so sehr auf die direkten negativen Folgen der Unterdrückung falscher Überzeugungen hinweist. Das Schwergewicht seiner Argumentation liegt eher darauf, ein bestimmtes Idealbild des Menschen plausibel zu machen, mit dem die Einschränkung *jeder* Meinungsfreiheit unvereinbar ist.

Mills idealistisches Menschenbild

Mill vertritt ein Menschenbild, das als Maßstab für die Bewertung und Kritik der empirischen Verhältnisse dienen kann. Die Menschen *sollen* Verstand und Urteilsfähigkeit ausbilden (R 50). Ein vernünftiges Wesen *sollte* sich nicht damit zufriedengeben, bestimmte Ansichten einfach als wahr zu übernehmen (R 50). Den Menschen *sollte* die Überlegung leiten, daß man auch eine richtige Überzeugung „nur für totes Dogma und nicht als lebendige Wahrheit ansehen kann, wenn sie nicht vollständig, oft und furchtlos zur Debatte gestellt wird" (R 49). Wenn aber Verstand und Urteilskraft ausgebildet werden sollen – ein Ziel, das Mill, wie er ironisch anmerkt, zumindest mit den Protestanten teilt –, dann muß diese

Fähigkeit geübt werden dadurch, daß die Menschen sich selbständig begründete Überzeugungen bilden, die sie gegen Einwände verteidigen können (R 50). Für dieses Programm ist aber die uneingeschränkte Meinungsfreiheit eine unabdingbare Voraussetzung.

Wie wir schon sahen, erkennt Mill sehr wohl, daß die Neigungen der Menschen keine „natürliche" Grundlage für die Anerkennung der Meinungsfreiheit bilden können; es besteht eher ein natürlicher Hang, anderen Menschen die eigenen Überzeugungen aufzuzwingen (R 22 f u. R 26 f).

Mills Aufgabe besteht daher darin, einen Konsens über ein bestimmtes Ideal zu erzielen, auf dessen Grundlage Übereinstimmung auch bezüglich konkreter Anwendungen erreicht werden kann, so daß die begründete Hoffnung besteht, auf diese Weise schließlich regulierend auf die Praxis einzuwirken. Das setzt den Glauben an die Möglichkeit des, Kantisch gesprochen, Ausgangs jedes Menschen aus seiner „selbstverschuldeten Unmündigkeit" voraus.[23] Diese Voraussetzung mag mancher als übergroßen Optimismus zurückweisen; aber der „Glaube" an die Möglichkeit eines diesbezüglichen geschichtlichen Fortschritts - auch Mill redet von *Hoffnung* (R 76) - ist wohl praktisch unverzichtbar; sonst müßte von vornherein jede Kritik bestehender Verhältnisse als vergeblich und nutzlos erscheinen.[24]

Einwand eines Kritikers: Auch Gründewissen kann gelehrt werden; Streit ist überflüssig.

Mill vertritt die Ansicht, daß jeder Mensch in der Lage sein sollte, seine eigene Position selbständig argumentativ zu verteidigen (R 50). Ein Kritiker, der die Konsequenz fürchtet, daß deshalb auch Gegenpositionen zugelassen und offen diskutiert werden müssen, könnte einwenden, daß die Verteidigung gegen Einwände unnötig ist, weil die Gründe für richtige Ansichten genauso gelehrt werden könnten wie diese Ansichten selbst. Ein solcher Kritiker könnte sich auf die Geometrie oder Mathematik stützen und behaupten, daß hier das Wissen um Gründe weitere Diskussionen überflüssig macht.

[23] Vgl. Immanuel Kant, „Beantwortung der Frage: Was ist Aufklärung?" (1784), in: Ehrhard Bahr (Hrsg.), *Was ist Aufklärung?: Thesen und Definitionen* (Stuttgart, 1974), S. 8-17.

[24] Vgl. Immanuel Kant, *Schriften zur Geschichtsphilosophie,* hrsg. v. Manfred Riedel (Stuttgart, 1974).

Mills Entgegnung: Nicht alle Wissenschaften können Gewißheit für ihre Ansichten beanspruchen.

Mill unterscheidet drei Arten von Wissenschaften (bzw. allgemeiner: Wissen):

a) Geometrie und Mathematik sind ein Sonderfall. In diesen Wissenschaften ist nach Mill eine Meinungsverschiedenheit überhaupt nicht möglich: Alle Beweisgründe liegen auf der einen Seite, Einwände sind (sinnvoll) nicht möglich (R 51). Vielleicht ist Mill hier sogar seinen möglichen Kritikern schon weiter entgegengekommen als nötig. Heute gibt es z. B. nicht-euklidische Geometrien, die der Erforschung bedürfen; und zumindest über die Zweckmäßigkeit der verschiedenen Ansätze wird diskutiert werden müssen.[25] Der Wissenschaftstheoretiker Quine vertritt sogar die These, daß nicht nur Geometrie und Mathematik, sondern sogar die formale Logik im Lichte neuer empirischer Erkenntnisse einer Änderung unterzogen werden kann. Kein Wissen ist nach Quine sakrosankt; es ist nur so, daß die Logik zum Kernbereich unseres Wissens gehört und wir dort seltener zu einer Revision unserer Ansichten gezwungen sind als im Bereich der empirischen Wissenschaften. Strenggenommen sind wir nach Quine sogar *niemals* gezwungen, eine *bestimmte* These aufzugeben: Neue Daten erzwingen nur die Änderung unseres Wissens an *irgendeiner* Stelle unseres ganzen wissenschaftlichen Theoriegebäudes; und an welcher Stelle wir diese Änderung vornehmen, bleibt der Forschungsgemeinschaft überlassen. Diese kann sich dabei zwar von bestimmten Werten leiten lassen (z. B. Einfachheit, Reichweite und Fruchtbarkeit von Theorien); aber diese Werte können keine einfachen Regeln liefern, mit deren Hilfe zwischen konkurrierenden Theorien entschieden werden könnte. Eine solche Entscheidung muß letzten Endes pragmatisch geschehen;[26] und was für unsere Zwecke am geeignetsten ist (bzw. was unsere Zwecke überhaupt sein sollten), bedarf sicherlich einer offenen Diskussion, die alle alternativen Positionen berücksichtigen muß.

---

[25] Außerdem ist die Mathematik ohnehin kein Reich, in dem der Wahrheitswert aller möglichen Aussagen mit Sicherheit bestimmt werden könnte; man denke etwa an die Goldbachsche Vermutung, wonach jede gerade Zahl > 2 als Summe zweier Primzahlen dargestellt werden kann. Vgl. Günther Patzig, „Platon", in: Norbert Hoerster (Hrsg.), *Klassiker des philosophischen Denkens,* Band 1 (München, 1982), S. 47.

b) Für die empirischen Naturwissenschaften (im üblichen Sinne) zeigt Mill selbst, daß Meinungsverschiedenheiten möglich sind, weil „immer noch eine andere Erklärung derselben Tatsache möglich" ist (R 51). Mills Beispiel alternativer Weltversionen, „die Erde steht still" und „die Erde umkreist die Sonne", ist dabei besonders interessant. In dieser Frage zeigt sich nicht nur, daß auch historisch als evident angesehene Ansichten kritisch hinterfragt werden können. Wie Mill nämlich selbst nicht sieht, sind sogar beide Weltversionen theoretisch auch heute noch widerspruchsfrei unter Einbeziehung aller empirischen Daten vertretbar. Der einzige Grund, warum sich die Wissenschaftler heute an das heliozentrische und nicht an das geozentrische Weltbild halten, ist der, daß eine angemessene geozentrische Weltversion ein solches Maß an Komplexität erfordern würde, um alle Epizykel der Planetenbahnen vorhersagen zu können, daß sie im Vergleich zum heliozentrischen Weltbild einfach unpraktisch ist. Dieses ist zwar weiter von der Alltagswelt entfernt (in der morgens die Sonne aufgeht), bietet dafür aber ein einfacheres Modell (das mit wenigen Grundprinzipien auskommt) und darüber hinaus auch ästhetisch ansprechend ist.[27]
c) Die Diskussion der obigen beiden Wissenschaftsgruppen dient Mill zur Abgrenzung und deutlichen Hervorhebung des wirklich kontroversen Bereichs, der seines Plädoyers für Meinungsfreiheit besonders bedarf: Moral, Religion, Politik, soziale Beziehungen, tagtägliche Arbeit (R 51). Wie der von ihm geschätzte Aristoteles (vgl. R 36) weiß auch Mill, daß man im Bereich der praktischen Wissenschaften bzw. in der alltäglichen Beratung über angemessene Handlungszwecke nicht die gleiche Art von Gewißheit erlangen kann (bzw. verlangen darf) wie in den „exakten" Naturwissenschaften.[28] Im Bereich praktischer Fragen muß vielfach auf Plausibilitätserwägungen zurückgegriffen werden,

[26] Vgl. Willard Van Orman Quine, „Two Dogmas of Empiricism" (1951), in: Ders., *From a Logical Point of View: Logico-Philosophical Essays* (Cambridge, Mass., 1964), S. 20-46, bes. S. 44-46 [dt. „Zwei Dogmen des Empirismus", in: Ders., *Von einem logischen Standpunkt: Neun logisch-philosophische Essays* (Frankfurt a.M./Berlin/Wien, 1979), S. 27-50, bes. S. 48-50].

[27] Zur Vielfalt von Weltversionen vgl. Nelson Goodman, *Ways of Worldmaking* (Hassocks, Sussex, 1978) [dt. *Weisen der Welterzeugung* (Frankfurt a.M., 1984)].

[28] Vgl. Aristoteles, *Ethica Nicomachea,* 1094b10-1095b10.

die allerdings ebenfalls begründet überzeugen sollen. Solche Beratungen bedürfen in besonderer Weise der Erörterung aller möglichen Standpunkte, und sei es auch nur zu dem Zweck, Scheingründe für abweichende Meinungen zu entlarven. Wer aber die Argumentation für die Gegenposition nicht erschüttern kann, hat keine Berechtigung, eine Position der anderen vorzuziehen (R 51). Um komplexe Fragen adäquat beantworten zu können, müssen die verschiedenen Positionen genau erörtert werden. Um sie richtig einschätzen zu können, müssen sie von überzeugten Anhängern dargestellt werden. Erst dadurch werden auch die Schwierigkeiten der jeweils anderen Position deutlich. Erst wer die Argumente seiner Gegner versteht, versteht auch seine eigene Lehre richtig (R 52). Daraus folgt, daß jede Position öffentlich vertreten werden darf; ja, sie *sollte* sogar zum allseitigen Vorteil vertreten werden.[29] Mill beherzigt diese Forderung, indem er einen weiteren möglichen Einwand vorbringt.

Einwand eines Kritikers: Die Menschen brauchen im allgemeinen die Kontroversen im Bereich der Philosophie und Theologie weder zu kennen noch zu verstehen.

Ein solcher Feind freier Diskussion behauptet, daß es genügt, wenn die Fragen aus dem sensitiven Bereich der Philosophie und Theologie stellvertretend für das einfache Volk, dem es an Kenntnissen und Talent fehlt, durch irgendeine Autorität beantwortet werden (R 53). Das Volk soll darauf vertrauen, daß alle möglichen Probleme durch Experten gelöst werden können.

Mills Entgegnung: Auch Theologen brauchen Meinungsfreiheit.

Mill zeigt, daß die Beweisführung des Kritikers unvollständig ist. Selbst wenn das normale Publikum sich nicht mit philosophischen und theologischen Fragen abgeben muß, bleibt doch die Forderung nach freier Diskussion erhalten. Das Volk kann nämlich nur dann auf die „verstandesmäßig begründete Gewißheit" (R 53) der herrschenden Ansichten in diesem Bereich vertrauen, wenn zumindest unter allen Philosophen und Theologen uneingeschränkte Meinungsfreiheit herrscht (R 54). Mill illustriert diesen Punkt mit ei-

[29] Für Studenten könnte man daraus folgern, daß sie nicht nur an *einer* Universität oder gar bei nur *einem* Professor Seminare (oder noch schlimmer: nur Vorlesungen) besuchen sollten.

nem Beispiel, das zwar allein keine Beweiskraft hat, aber dennoch einen wirksamen Beleg bildet. Mill zeigt nämlich, daß sogar die für ihn intoleranteste aller (christlichen) Kirchen, nämlich die römisch-katholische, implizit seine These anerkennt:

Im Zusammenhang seiner ersten Hauptthese zur Gedankenfreiheit (in der es darum ging, daß jede Meinung fehlbar ist), hatte Mill schon auf die Rolle des „Advokaten des Teufels" bei katholischen Heiligsprechungsprozessen aufmerksam gemacht, an der deutlich wird, daß auch die römisch-katholische Kirche implizit anerkennt, daß, um zu einer richtigen Entscheidung zu kommen, alle nur denkbaren Gegenargumente berücksichtigt werden müssen (vgl. R 31). Auch für die implizite Anerkennung seiner zweiten Hauptthese zur Meinungsfreiheit (wonach freie Diskussion selbst dann geboten ist, wenn die gegebene Ansicht richtig ist) durch die katholische Kirche findet Mill einen Beleg: Geistliche (im Gegensatz zu Laien[30]) dürfen ketzerische Bücher lesen, um sich mit den Argumenten der Gegner vertraut machen zu können und durch die Auseinandersetzung mit ihnen die eigene Überzeugung über die Richtigkeit der kirchlichen Lehrsätze zu stärken. Mill weist noch darauf hin, daß die protestantischen Kirchen die Meinungsfreiheit sogar offiziell – „wenigstens in der Theorie" (R 54) – anerkennen, da dort die Verantwortung für die Wahl der Religion bei dem einzelnen Gläubigen liegt und ihm nicht durch eine „Elite" abgenommen werden kann. Wichtiger für Mills Bestrebungen ist aber, daß selbst von derjenigen Institution, von der Mill den stärksten Widerspruch gegen seinen radikalen Liberalismus zu erwarten hat, implizit liberale Prinzipien anerkannt werden; und das sollte jedem anschaulich machen, daß auf Meinungsfreiheit nicht verzichtet werden kann.

Mills weiterreichende Entgegnung auf die beiden zuletzt vorgebrachten Kritiken: Es geht um mehr als Gründewissen.

Die fehlende öffentliche Diskussion aller Meinungen hat nicht nur zur Folge, daß die Menschen in Unwissenheit über die Gründe der verschiedenen Ansichten – auch der eigenen – bleiben. Noch schäd-

[30] Der „Index verbotener Bücher" behielt offiziell bis zum 2. Vatikanischen Konzil seine Gültigkeit. Seit 1966 besteht im katholischen Kirchenrecht nur noch das Verbot, gegen Glaubens- und Sittenlehre gerichtete Schriften zu *veröffentlichen* oder zu *vertreiben.* Bis dahin bestand außerdem die Gewissensverpflichtung, diese Schriften weder herauszugeben, zu lesen, aufzubewahren, zu übersetzen noch zu verkaufen.

licher als der negative Einfluß auf das *Wissen* der Menschen ist der Einfluß auf ihren *Charakter* (R 55). Es gibt keine lebhafte Vorstellung der *Bedeutung* (auch im übergreifenden Sinne der Relevanz für unsere Lebenszusammenhänge (vgl. R 60)) der vertretenen Meinungen mehr. Es bleiben nur Phrasen und Formeln – „oder eine verdrießliche, erstarrte Zustimmung" (R 56). Dieser Zusammenhang wird nach Mill besonders deutlich an den Erfahrungen mit ethischen Lehren und religiösen Bekenntnissen. Wenn eine bestimmte Ansicht sich durchgesetzt hat und sich nicht mehr mit ihren Konkurrenten auseinandersetzen muß, setzt sich eine anerkannte Doktrin an die Stelle einer mit Herz und Seele verteidigten Überzeugung. Dies ist insbesondere dann der Fall, wenn nachfolgende Generationen den einmal etablierten Glauben quasi mit der Geburt „ererben;"[31] denn eine vergleichende Betrachtung konkurrierender Sekten, etwa zum Zweck der Missionierung Andersgläubiger oder gar zur Erwägung eines eventuellen Übertritts zu einem überzeugenderen Glauben, geschieht äußerst selten (R 55 f). Die herrschende Doktrin verliert bei fehlender Diskussion nicht nur ihre Lebendigkeit, sondern schadet auch dadurch, daß sie das Eindringen neuer Ideen blockiert, die Herz und Gemüt bewegen könnten (R 57).

Mills Forderung nach einem besseren Verständnis unserer Überzeugungen mittels öffentlicher Diskussion, um sicherzustellen, daß unsere theoretischen Einsichten nicht die Verbindung zu unserer Lebenspraxis verlieren, ist, was moralische Prinzipien angeht, wohl auch für Mills Kritiker überzeugend. Dieselbe Forderung könnte allerdings in ihrer Anwendung auf religiöse Doktrinen Folgen haben, die von Mill nicht explizit aufgeführt werden, für die Anhänger dieser Doktrinen aber sicherlich einen erheblichen Unterschied machen. Wenn man nämlich den religiösen Glauben ernst nimmt, dann muß man anerkennen, daß zu diesem mehr gehört als das Gefühl der Verbundenheit mit einer bestimmten sozialen Lebensform oder bestimmten moralischen Prinzipien. Zum religiösen Glauben gehören nicht nur moralische Prinzipien, sondern auch „Geschichten", die als empirische Thesen (über historische Ereignisse und die Welt überhaupt) interpretiert werden müssen.[32] Da-

---

[31] Vgl. Max Weber, „‚Kirchen' und ‚Sekten' in Nordamerika: Eine kirchen- und sozialpolitische Skizze" (1906), in: Ders., *Soziologie – Universalgeschichtliche Analysen – Politik,* hrsg. v. Johannes Winckelmann (Stuttgart, ^{5}1973), S. 382-397.

mit können aber nicht alle Religionen recht haben; und eine rigorose Überprüfung im Sinne Mills könnte sehr wohl mit der Konsequenz verbunden sein, daß sich die meisten (wenn nicht alle) religiösen Bekenntnisse als unzureichend begründet erweisen. Damit ist aber im Regelfall davon auszugehen, daß die geforderte lebhafte Diskussion die Lebenskraft solcher Doktrinen eher schwächen als stärken wird. Es ist natürlich nicht auszuschließen, daß auch das als ein positiver Effekt der Meinungsfreiheit zu werten wäre. Mill vertritt vielleicht insgeheim selbst diese Ansicht, wenn man seine anfängliche These berücksichtigt, daß man bisher nur dort Glaubensfreiheit verwirklichen konnte, wo religiöse Gleichgültigkeit herrschte (R 14). Für den jetzigen Zusammenhang ist aber der Punkt wichtiger, daß eine Lehre ihren praktischen Einfluß auf das Leben ihrer Anhänger verliert, wenn sie nur noch formelhaft nachgebetet wird. Dies ist sicherlich ebenfalls kein befriedigender Zustand für eine Religion, wie Mill speziell anhand des Christentums illustriert. Aus einer höheren Warte könnte man aus dieser Diskussion vielleicht schließen, daß religiöse Bekenntnisse an unbehebbaren Problemen leiden, weil sie entweder undiskutiert ihren Lebensbezug verlieren oder diskutiert ihre fehlende Begründbarkeit aufzeigen. Dies ist aber eine Konsequenz, die Mill zumindest explizit nicht zieht – was er allerdings auch nicht muß, denn ihm geht es um die Begründung seiner zwei Prinzipien; und wenn man diese akzeptiert, dann muß man auch ihre Konsequenzen unterschreiben. Man könnte Mill allenfalls vorwerfen, daß er seine Leser hier – vielleicht aus strategischen Gründen – nicht deutlich über alle möglichen Konsequenzen seiner Thesen aufklärt. (Mills spätere inhaltliche Kritik des Christentums (R 68 ff) ist aber deutlich genug.)

Was das Christentum angeht, zeigt Mill, daß sich zwar alle Angehörigen dieses Glaubens zu den Grundsätzen und Vorschriften des Neuen Testaments bekennen. In ihrer Lebenspraxis erkennt man aber bei den meisten nicht allzuviele Spuren dieses Bekenntnisses.[33] Die Christen lassen sich stattdessen von Alltagsgewohnheiten

---

[32] Vgl. Richard B. Braithwaite, *An Empiricist's View of the Nature of Religious Belief* (Cambridge, 1955) [dt. „Die Ansicht eines Empiristen über die Natur des religiösen Glaubens", in: Ingolf U. Dalferth (Hrsg.), *Sprachlogik des Glaubens: Texte analytischer Religionsphilosophie und Theologie zur religiösen Sprache* (München, 1974), S. 167-189].

[33] Mills Kritik erinnert hier an die Kritik Kierkegaards, dessen Philosophie allerdings eine ganz andere Stoßrichtung hat.

und den in ihrem Umkreis etablierten Regeln leiten (R 57). Mill kommt diesen Gläubigen so weit entgegen, daß er ihnen keine Unaufrichtigkeit in ihren Bekenntnissen unterstellt. Die Bergpredigt macht aber kein Christ zur Grundlage seiner täglichen Lebensführung: Es kommt zu einem ewigen „Kompromiß zwischen christlichem Glauben und den Interessen und Einflüsterungen des weltlichen Lebens. Den ersten entbietet er seine Ehrerbietung, den letzten seine Ergebenheit“ (R 57 f). Die ersten Christen nahmen ihren Glauben dagegen auch praktisch sehr ernst; sonst wäre das Christentum auch nicht von einer obskuren Sekte zu einer beherrschenden Religion gewachsen.

Einwand eines Kritikers: Fraktionsbildung in der Bevölkerung ist keine notwendige Bedingung für die Erkenntnis der Wahrheit.

Ein Kritiker könnte Mill vorwerfen, daß er beständigen Meinungsstreit zu einem Selbstzweck erhebt (R 60 f). Die allgemeine Verbreitung der Wahrheit sollte unser Ziel sein. Man sollte nicht künstlich Zweifel erzeugen, und man sollte nicht einen Teil der Bevölkerung zwingen, um der Lebhaftigkeit des richtigen Glaubens willen diesen zu bestreiten.

Mills Entgegnung:

Mill erkennt an, daß das allmähliche Einengen des Gebiets der Meinungsverschiedenheiten[34] „im doppelten Sinne des Wortes erforderlich ist, nämlich sowohl unvermeidlich als unentbehrlich“ (R 61). Er bestreitet aber, daß die Folgen der allgemeinen Anerkennung bestimmter Wahrheiten durchgehend positiv zu bewerten sind. Zwar ist die Verbreitung richtiger Ansichten von größerem Wert als die Notwendigkeit, sie gegen dauernde Angriffe zu vertei-

[34] Man könnte allerdings hinzufügen, daß jede beantwortete Frage wieder neue Fragen aufwirft, so daß in einem absoluten Sinne die Zahl der offenen Fragen vielleicht sogar eher zunimmt. Vgl. dazu Pascals Bild von der Wissenskugel, das man so deuten könnte, daß die Kontaktpunkte zum Nichtwissen (die Oberfläche der Kugel) um einen größeren Faktor zunehmen als das Volumen der Kugel.

digen; aber das Entfallen dieser Notwendigkeit muß jedenfalls als ein Verlust betrachtet werden.[35]

Konsequenzen für die Erziehung:

Lehrer sollten ihren Schülern die Schwierigkeiten einer bestimmten Ansicht, auch wenn sie allgemein als richtig anerkannt ist, deutlich machen. Erst in der Auseinandersetzung mit ihnen kann eine Lehre richtig eingeschätzt und verstanden werden. Vorbildlich für diese Form der Unterweisung ist für Mill die Sokratische Dialektik. Im Dialog arbeitet Sokrates besonders die Schwierigkeiten und Unklarheiten verbreiteter Ansichten heraus. Wieder einmal kann sich Mill damit auf eine allseits anerkannte Autorität berufen, die den Wert einer „negativen Erörterung der großen Fragen der Philosophie und des Lebens" betont (R 61). In gleicher Weise beruft er sich auf die Schuldisputationen des Mittelalters. Auch hier liegt das Schwergewicht auf dem Verständnis gegensätzlicher Positionen und der Prüfung ihrer Begründungen – wenn auch in diesem Fall die letzten Voraussetzungen nicht durch die Vernunft geprüft, sondern durch eine Autorität gesetzt werden (R 62).

Die Erziehungsmethoden der Neuzeit schneiden nach Mill demgegenüber vergleichsweise schlecht ab, weil nur noch Wert auf die Vermittlung von Lehrbuchwissen gelegt wird. Negative Logik wird nicht mehr geschätzt. Wenn auch Kritik allein nicht genügt, so ist sie doch ein notwendiges Element, um wirkliche Fortschritte in den Wissenschaften zu erreichen: „Solange Menschen nicht wieder darin systematisch geübt werden, wird es wenige große Denker geben und einen niedrigen Durchschnitt der Intelligenz außer in den mathematischen und physikalischen Disziplinen" (R 63) – wobei wir allerdings oben schon gesehen haben, daß selbst dort ein Meinungsstreit von Nutzen (oder sogar unvermeidlich) ist.

Mill hat damit auch seine zweite Hauptthese zur Gedanken- und Pressefreiheit dargestellt und begründet: Meinungsstreit ist auch dann von Wert, wenn wir voraussetzen, daß die bestrittene Ansicht

---

[35] Aus diesem Grund haben heute vielleicht auch die verfehlten Ansichten der „Kreationisten" einen bestimmten Wert, indem sie zu einem begründeteren und lebendigeren Verständnis des Darwinismus beitragen. Vgl. dessen lesenswerte Verteidigung bei Richard Dawkins, *The Blind Watchmaker* (New York, 1986) [dt. *Der blinde Uhrmacher: Ein neues Plädoyer für den Darwinismus* (München, 1990)].

richtig ist. Er schließt diesen Teil seiner Argumentation mit einem *Lob der Abweichler:* Wir sollten denjenigen, die aus eigener Überzeugung traditionelle Meinungen bestreiten, sogar dankbar sein. Selbst wenn sie im Unrecht sind, tragen sie zur größeren Gewißheit und Lebenskraft unserer Ansichten bei.

Neben seinen zwei Hauptthesen vertritt Mill in seinem Kapitel zur Gedanken- und Diskussionsfreiheit noch zwei weitere Thesen, auf die im folgenden eingegangen werden soll: eine zur möglichen Erkenntniserweiterung durch zwei entgegengesetzte Ansichten, die beide allein nicht im Besitz der ganzen Wahrheit sind; und eine abschließende zur Festlegung der Grenzen einer fairen Diskussion.

Dritte These Mills zur Meinungsfreiheit: Entgegengesetzte Meinungen lassen manchmal erst gemeinsam die Wahrheit erkennen.

In Mills erster Hauptthese war der Nutzen der Meinungsfreiheit verteidigt worden, weil die herrschende Lehre falsch sein könnte; in der zweiten Hauptthese hatte Mill gezeigt, daß Meinungsstreit selbst dann wünschenswert ist, wenn die herrschende Lehre richtig ist. Nun beschreibt er in seiner dritten These einen weiteren denkbaren Fall: „Wenn nämlich bei den beiden in Konflikt stehenden Anschauungen, statt daß die eine richtig und die andere falsch ist, die Wahrheit in der Mitte liegt und die nichtübereinstimmende These gebraucht wird, den Rest der Wahrheit zu liefern, wovon die hergebrachte Doktrin nur ein Teil ist“ (R 63 f). Hier geht es darum, daß die herrschende Meinung, wenn nicht falsch, dann doch oft unvollständig ist. Sie bedarf daher einer Ergänzung; und dazu ist die entgegengesetzte Meinung hilfreich, die zwar vielleicht ihrerseits in ein einseitiges Extrem verfällt, dennoch aber das richtige Korrektiv bildet. Keine der beiden Thesen hat die ganze Wahrheit; aber gemeinsam lassen sie die Wahrheit erkennen bzw. erahnen – nicht im mystischen Sinne, sondern in dem Sinn, daß beide Ansichten vielleicht teilweise wahr sind. Aus diesem Grund kann auf keine der beiden Ansichten in der öffentlichen Diskussion verzichtet werden. Die jeweils verdrängte Ansicht mag zwar ebenfalls mit Irrtümern beladen sein, sollte aber als Kostbarkeit geschätzt werden (R 64). Sogar deren Einseitigkeit ist dabei von Vorteil, weil sie dadurch die Aufmerksamkeit auf diejenigen Aspekte lenkt, die von der herrschenden Lehre vernachlässigt werden.

Mill geht in seiner weiteren Argumentation davon aus, daß dieses Verhältnis zweier einseitiger Ansichten den Normalfall bildet. Wenn dies der Fall wäre, könnte er auf diese Weise die Meinungsfreiheit besonders gut verteidigen: Praktisch alle Ansichten sind dann unvollständig und bedürfen der Ergänzung durch die entgegengesetzte Ansicht (wobei für Mill die sogenannten ketzerischen Ansichten gewöhnlich u.a. gerade diese vernachlässigten Wahrheiten bereithalten (R 64)). Die Frage ist allerdings, ob er mit dieser neuen Begründung seine zweite Hauptthese nicht schwächt. Dort hatte er gezeigt, daß das Christentum auch dann, wenn es die ganze Wahrheit besitzt, durch uneingeschränkte Meinungsfreiheit mehr zu gewinnen als zu verlieren hat. In seinen folgenden Beispielen wechselt er nun seine Argumentationsstrategie und gründet den Wert der Meinungsfreiheit auf der üblicherweise unvollständigen Wahrheit der herrschenden Ansichten (zu denen er hier auch das Christentum rechnet). Die zweite Hauptthese war ein *apriorisches* Argument: Für jede nur denkbare Doktrin wurde gezeigt, daß ihre Wahrheit die Meinungsfreiheit nicht überflüssig macht. Mills dritte These beruht auf einer *empirischen* Annahme: Er versucht nachzuweisen, daß die meisten Lehren unvollständig sind. Dies muß dann aber für jeden Einzelfall separat nachgewiesen werden, so daß er z. B. gezwungen ist, sich auf theologische Fachdiskussionen einzulassen. Allerdings ist zu beachten, daß diese neue Vorgehensweise im Erfolgsfalle noch offensichtlicher als die zweite These die Notwendigkeit der Meinungsfreiheit in denjenigen Ländern nachweist, in denen eine dieser unvollständigen Lehren vorherrscht. Und für Mills praktische Zwecke – schließlich war er politisch stark engagiert[36] – genügte es wohl zu zeigen, daß das Christentum nicht die ganze Wahrheit besitzt.

Drei Beispiele für die Unvollständigkeit herrschender Meinungen:

Mill stellt drei Beispiele vor, bei denen die jeweils herrschende Lehre der Ergänzung durch eine andere (im weiten Sinne „ketzerische“) Ansicht bedurfte bzw. bedarf:

a) die Kultur des 18. Jahrhunderts und die Paradoxe Rousseaus;
b) der Gegensatz zwischen einer Partei der Ordnung und Stabilität und einer Partei des Fortschritts und der Reform;
c) die christliche Morallehre.

[36] Mill war sogar 1865 bis 1868 Unterhaus-Abgeordneter.

Im 18. Jahrhundert dachten fast alle Gebildeten, daß die moderne Zivilisation mit ihrer Wissenschaft, Literatur und Philosophie der antiken Kultur in allen Punkten überlegen wäre.[37] Rousseaus Fortschrittskritik wies demgegenüber auf Schattenseiten der modernen Zivilisation hin, die gerne verdrängt werden. Mill greift dabei besonders „die entnervende und entsittlichende Wirkung der Fesseln und Heucheleien einer künstlich gewordenen Gesellschaft" heraus (R 65). Obwohl die herrschende Meinung der Wahrheit näher war als diejenige Rousseaus, hatte dieser doch wertvolle Erkenntnisse zu vermitteln, die vor einer einseitigen (und damit verengten) Ansicht bewahren können.

Nach Mill gehören zwei gegensätzliche Parteien zu den Grundbedingungen eines gesunden politischen Zustands: eine Partei der Ordnung oder Stabilität und eine Partei des Fortschritts oder der Reform – bis die eine oder die andere Partei beide Elemente erfaßt (R 65). Ansonsten halten beide einseitigen Richtungen sich erst gemeinsam im Gleichgewicht. Allgemein sind praktische Angelegenheiten charakterisiert durch die Notwendigkeit der Versöhnung und Vereinigung von Gegensätzen. Und solange nur wenige Menschen zu einem unparteiischen Urteil fähig sind, ist der Streit der gegensätzlichen Parteien – auch über einen akzeptablen Kompromiß – notwendig. Zu den in diesem Sinne gegensätzlichen Positionen und Ideen rechnet Mill nicht nur Stabilitäts- und Reformparteien, sondern auch: Demokratie und Aristokratie, persönliches und gemeinsames Eigentum, Genossenschaften und Wettbewerb, Luxus und Abstinenz, Sozialismus und Individualismus, Freiheit und Disziplin (R 66). Nicht ganz klar ist, ob Mill für jede dieser Ideen annimmt, daß sie nicht der Weisheit letzter Schluß sein kann. In dem Zusammenhang tritt auch das Problem der Selbstanwendung auf: Will auch Mill mit seinem radikalen Liberalismus nur ein Gegengewicht zu den vorherrschenden, eher autoritären Auffassungen bilden? In *dem* Falle wäre seine Darstellung nicht ganz wahrhaftig; und außerdem fordert er doch, daß jeder voll und ganz für seine Überzeugungen eintreten und nicht lediglich ein taktisches Spiel betreiben soll. Allerdings spricht Mills Gesamtdarstellung dafür, daß er wirklich überzeugt hinter seinem Liberalismus steht. Er

---

[37] Vgl. dazu differenzierter: Robert K. Merton, *On the Shoulders of Giants: A Shandean Postscript* (New York/London, 1965) [dt. *Auf den Schultern von Riesen: Ein Leitfaden durch das Labyrinth der Gelehrsamkeit* (Frankfurt a.M., 1983)].

ist kein Anhänger einer Form von Dialektik, die in Selbstanwendung über widersprüchliche Positionen eine höhere Wahrheit erkunden will. Im weiteren Verlauf seiner Abhandlung thematisiert er selbst in einem eigenen Kapitel die Frage der gerechten Grenze zwischen der Herrschaft des Individuums und der der Gesellschaft (vgl. R 103); und dabei macht er keine Abstriche von seiner früheren Position, sondern zeigt, wie diese praktisch mit anderen relevanten Gesichtspunkten verbunden werden kann.

Umstrittener als die ersten beiden Punkte ist der dritte: Verkündet auch die christliche Morallehre nur eine unvollständige oder halbe Wahrheit? Mills Diskussion zu diesem Punkt bildet einen direkten Angriff auf die umfassenden Wahrheitsansprüche der vorherrschenden Weltanschauung seiner Zeit. Seine Argumentation findet daher in mehreren klar zu unterscheidenden Schritten statt.

Mills erstes Argument gegen den umfassenden Wahrheitsanspruch der christlichen Morallehre: Die Lehre selbst ist uneindeutig.

Die Moralvorstellungen des Christentums beruhen auf den Vorschriften des Neuen Testaments. Diese sind aber einerseits unsystematisch und andererseits eher prägnant als präzise: Sie bestehen vor allem aus Ergänzungen und Änderungen früherer Morallehren, und ihre Formulierung ähnelt eher vieldeutiger Poesie als genauer Gesetzgebung. Das Neue Testament bezieht sich hauptsächlich auf das Alte Testament, aber dieses ist barbarisch. Paulus knüpft eher an die Morallehren der Griechen und Römer an, aber diese billigen sogar die Sklaverei. Die sogenannte christliche Moral wurde hauptsächlich von der katholischen Kirche in den ersten fünf Jahrhunderten ihres Bestehens geschaffen und ist im großen und ganzen auch von den Protestanten und den christlichen Sekten übernommen worden. Einfach von *der* christlichen Morallehre zu sprechen, ist angesichts dieser Geschichte zweifelhaft.

Mills zweites Argument gegen den umfassenden Wahrheitsanspruch der christlichen Morallehre: Die Lehre ist nicht in allen Punkten vorbildhaft oder zumindest unvollständig.

Die christliche Morallehre ist eher verneinend als bejahend. „In ihrem Abscheu vor der Sinnlichkeit machte sie die Askese zum Ideal“ (R 68). Sie befördert einen selbstischen Charakter, indem sie die Hoffnung auf das Paradies und die Furcht vor der Hölle zu den Motiven eines tugendhaften Lebens macht (R 68 f). „Sie ist ihrem

Wesen nach eine Lehre des passiven Gehorsams, prägt Unterwürfigkeit gegen jede bestehende Obrigkeit ein“ (R 69). Mill erkennt zwar ausdrücklich auch den positiven Einfluß des Christentums an (R 68); aber letztlich steht er wohl – wie Hume vor ihm[38] – den Tugendethiken der antiken Moralisten näher (R 69). Mehr noch als die alleinige Hochschätzung der Tugend des Gehorsams als moralischer Leitschnur dürfte aber ein anderes Element des Christentums Mills Zeitgenossen von der Unvollständigkeit und Einseitigkeit dieses Glaubens überzeugen: Der christlichen Morallehre fehlt eine entwickelte Theorie über die Verpflichtung – auch des Herrschers! – gegenüber der Gemeinschaft (R 69).[39]

Mill will nicht einmal ausschließen, daß die christliche Morallehre im angesprochenen Sinne ergänzt oder geändert werden kann (wobei er besonders auf die positiven Lehren des Religions*gründers* verweist, der im Gegensatz zur theologischen Morallehre absichtlich manche Frage offen ließ). Sein Hauptpunkt ist aber, daß bei dem Versuch, Geist und Empfindungen allein nach religiösen Gesichtspunkten zu formen, sich nur „ein niedriger, verwerflicher, kriecherischer Charaktertyp“ entwickeln wird (R 70). Selbst wenn dies ein zu ungünstiges Bild des christlichen Glaubens sein sollte, so muß doch in jedem Fall die Unvollständigkeit der christlichen Morallehre anerkannt werden; und dieser Nachweis dürfte Mill für seine Zwecke genügen.

Folgen für Christentum und Ketzerei:

Mill gibt zu, daß eine einseitige Kritik des Christentums dessen positive Seiten unterschätzen könnte. Aber er hält die Einseitigkeit der Kritik für unvermeidlich. Generell betont er dazu, daß die Mehrheit gegenüber der Minderheit mindestens so tolerant sein muß wie umgekehrt.

Wie wir schon oben sahen, glaubt Mill zwar nicht daran, daß durch freie Diskussion der Streit der Religionen beigelegt oder auch

[38] Hume kritisiert besonders die im Christentum hochgehaltenen mönchischen Tugenden und orientiert sich stattdessen eher an Ciceros Tugendenkatalog. Vgl. David Hume, *An Enquiry concerning the Principles of Morals,* S. 270 [dt. S. 198], sowie David Humes Brief an Francis Hutcheson vom 17. Sept. 1739, in: *The Letters of David Hume,* hrsg. v. J.Y.T. Greig (Oxford, 1932, ^{2}1969), Bd. 1, S. 34.

[39] Die Übersetzung von „idea of obligation to the public“ als „Idee, dem Staat verpflichtet zu sein“ ist etwas unglücklich.

nur die Unduldsamkeit religiöser Fanatiker durch Argumente eingeschränkt werden kann (weshalb die Meinungsfreiheit wohl immer gegen die Religion verteidigt werden muß). Aber er setzt seine Hoffnung ohnehin mehr auf die urteilsfähigen, ruhigeren Zeitgenossen, die von dem Zusammenstoß widerstreitender Meinungen profitieren werden (R 72). Und die Existenz dieser (zwar seltenen) Urteilsfähigkeit stärkt Mills Hoffnung auf eine „moralische Wiedergeburt des Menschengeschlechtes" (R 71).

Zusammenfassung Mills zur Meinungsfreiheit:

Nach Mill sind Gedanken- und Pressefreiheit aus vier Gründen für das geistige Wohlbefinden der Menschheit notwendig:

a) Die unterdrückte Meinung könnte wahr sein.
b) Die unterdrückte Meinung könnte ein Körnchen Wahrheit enthalten, das der herrschenden Meinung gerade fehlt.
c) Auch die ganze Wahrheit bedarf der Herausforderung; ohne Begründung im Meinungskampf bleibt sie bloßes Vorurteil.
d) Sinn und Lebendigkeit einer Lehre gehen verloren, wenn sie nicht mehr im Meinungsstreit geprüft wird.

Mills vierte These zur Meinungsfreiheit: Die freie Diskussion darf Ärger hervorrufen.

Wie wir schon oben sahen (vgl. R 32), wendet sich Mill gegen einen „Schönwetter-Liberalismus", der die liberalen Grundsätze nicht für die Diskussion der „über jeden Zweifel erhabenen" oder für die Gesellschaft wichtigsten Prinzipien gelten lassen will. Zum Abschluß seines Kapitels über die Gedanken- und Pressefreiheit wendet er sich gegen eine andere Form eines solchermaßen eingeschränkten Liberalismus, nach dem die Freiheit der Meinungsäußerung in denjenigen Fällen beschnitten werden soll, in denen sie die Grenzen fairer Diskussion überschreitet oder übergroßen Ärger bei den Zuhörern hervorruft (R 73). Mills Position im jetzt zu behandelnden Fall ist allerdings angreifbarer als im obengenannten. Zwar ist es richtig, daß die Forderungen der Fairneß und des Vermeidens von Verärgerung leicht mißbraucht werden können, weil eine Grenzziehung schwierig ist. Aber dennoch sind die beiden genannten Gesichtspunkte nicht zu vernachlässigen; und wie wir sehen werden, ist auch eine Grenzziehung möglich.

Mill weiß selbst um die Gefahren unfairer Diskussionsführung, insbesondere, wenn sie gegen verhältnismäßig Schutzlose angewandt wird und die Vertreter der herrschenden Meinung Abweichler als schlecht und unmoralisch hinstellen. Aber er wehrt sich dagegen, sophistische Beweisführung, Unterdrückung von Fakten oder Beweisgründen, Verdrehung der Grundtatsachen des Falls, falsche Darstellung der gegnerischen Meinung (die nach Mill meist nach bestem Wissen und Gewissen geschehen) sowie Grobheiten, Sarkasmen und persönliche Angriffe in der öffentlichen Diskussion per Gesetz zu unterbinden. Er sagt aber auch, daß solche Methoden Tadel verdienen und die öffentliche Meinung sich von ihnen nicht beeinflussen lassen sollte (R 74 f). Dies ist aber nur ein frommer Wunsch, und für den Regelfall ist nicht anzunehmen, daß unfaire Rhetorik immer als solche erkannt wird und erfolglos bleibt. Aus Mills Kommentaren wird deutlich, daß es ihm in erster Linie um den Schutz abweichender Meinungen geht, und er scheint auch einschränkenden Maßnahmen seitens des Gesetzgebers nicht grundsätzlich ablehnend gegenüberzustehen, wenn sichergestellt wäre, daß die Einschränkung solcher rhetorischer Mittel auch für die herrschende Meinung durchgesetzt wird. Aus einer solchen Perspektive könnte man daher Mills Stellungnahme zu den Grenzen einer fairen Diskussion aufgrund seiner eigenen Grundprinzipien kritisieren: Die freie Diskussion leidet nicht, wenn Volksverhetzung (die ja meist auf Kosten von Minderheiten geschieht) gesetzlich verboten wird. Das Ziel der Verhinderung von Volksverhetzung sollte dabei schwerer wiegen als die Gefahr, daß die Regeln der Fairneß von den zuständigen Gerichten einseitig zugunsten der herrschenden Meinung interpretiert werden.

Die Frage, inwieweit das durch eine freie Diskussion hervorgerufene Ärgernis auf seiten derjenigen, deren Ansichten kritisiert werden, ein für die Gesetzgebung relevantes Faktum ist, wird von Mill nicht ausführlich behandelt – vielleicht, weil er das Argument der unmöglichen Grenzziehung für schlagend hält. In diesem Punkt irrt er sich jedoch. Das Problem des „Ärgernisprinzips" wird zumeist im Zusammenhang mit der Frage des Verbots bestimmter *Handlungen* diskutiert, hat aber auch Rückwirkungen auf die Grenzen der Meinungsfreiheit. Wie oben dargestellt, ist das Ärgernis-Prinzip eines der Prinzipien, die als Rechtfertigungsgründe zur Einschränkung bürgerlicher Freiheit vorgebracht werden. Danach ist es immer ein guter Grund dafür, die Freiheit eines Individuums einzuschränken, wenn dessen Handlungsweise öffentliches Ärgernis erregt. Eine uneingeschränkte Anerkennung dieses Prinzip ist sicherlich unvereinbar mit dem Rechtsliberalismus; denn die Äußerung einer extremen Überzeugung, die weit genug von der herrschenden abweicht, wird immer einige Vertreter dieser anderen Lehre nicht unerheblich verärgern, und eine Rücksichtnahme darauf würde die gesamte Meinungsfreiheit zerstören. Aufgrund ausgewählter Fallbeispiele sieht sich heute aber selbst der radikale Liberalist Joel Feinberg gezwungen, eine Grenze des zumutbaren Ärgernisses zu ziehen. Dabei beruft er sich auf ein Kriterium, das sogar – wie unten zu zeigen sein wird – Mill selbst zumindest implizit anerkennt: Für den Zuhörer bzw. Zuseher muß eine zumutbare Ausweichmöglichkeit bestehen; der Provokateur darf die anderen nicht mit seinen Belästigungen verfolgen.[40] Nach diesem Prinzip mögen zwar, um diverse Beispiele zu nennen, FKK-Strände und Bordelle erlaubt sein; obszöne Reden über Lautsprecher, Nackte in öffentlichen Bussen und Werbung für Sodomie auf großen Plakaten an Straßenkreuzungen sind dagegen nicht akzeptabel.

In einem anderen Punkt, der für die nachfolgende Diskussion sehr wichtig ist, kommt aber der Zurückweisung von Ärgernis-Argumenten uneingeschränkte Gültigkeit zu: Der Rechtsliberalist muß darauf bestehen, daß das *bloße Wissen* um unmoralische Geschehnisse im nicht-öffentlichen Rahmen (das Standardbeispiel ist hier praktizierte Homosexualität zwischen frei entscheidenden Erwachsenen) niemals ein unzumutbares Ärgernis ist – natürlich immer vorausgesetzt, daß kein anderes relevantes Prinzip (etwa das Schadensprinzip) Anwendung findet.[41] Damit sind wir aber schon über den thematischen Rahmen der bloßen Meinungsfreiheit hinausgegangen. Die Verteidigung der Gedanken- und Pressefreiheit bildet allerdings auch für Mill nur die Vorstufe zu der weiterreichenden Verteidigung der Freiheit der individuellen Lebensgestaltung – eine Tendenz, die sich schon bei Mills Erörterung des Christentums andeutete, denn auch dort ging es ihm weniger um das

40 Vgl. Joel Feinberg, *Social Philosophy,* S. 44.

41 Rechtsmoralisten halten dagegen diese Grenzziehung zwischen privaten und öffentlichen Angelegenheiten für unmöglich; vgl. Patrick Devlin, *The Enforcement of Morals,* S. 13 f. Wie wir sehen werden, sind ihre diesbezüglichen Argumente aber nicht überzeugend. Im übrigen sollte beachtet werden, daß sogar die *Gedanken*freiheit durch den Rechtsmoralismus gefährdet wird: Wenn man dessen Grundprinzip ernst nimmt, müßten eigentlich auch „sündige Gedanken“ strafrechtlich verfolgt werden!

theologische Theoriegebäude als vielmehr um die christliche Morallehre mit ihren Handlungsvorschriften für die Praxis. Die Darstellung des Werts der Individualität kommt ausführlich in Mills nächstem Kapitel zur Sprache.

4. Zu Mills Kapitel „Über Individualität als eins der Elemente der Wohlfahrt"

Nachdem Mill die Nachteile der Einschränkung der Meinungsfreiheit ausführlich erörtert hat, weitet er seine Verteidigung der individuellen Freiheit aus: Im folgenden verteidigt er die Freiheit der Lebensgestaltung, die das eigentliche Thema von Mills Abhandlung bildet. Diese Freiheit ist allerdings kontroverser als die oben diskutierte Gedanken- und Pressefreiheit, auch wenn nach Mill hier wie dort festgestellt werden muß, daß alle genannten Freiheiten im Regelfall abstrakt sogar anerkannt werden: Das Problem liegt wieder darin aufzuzeigen, daß diese Prinzipien weitreichende praktische Anwendungen haben, die ebenfalls akzeptiert werden müssen, wenn man diese Freiheitsrechte ernst nimmt.

Es ist natürlich immer möglich, daß ein solchermaßen über die Konsequenzen abstrakter Freiheitsprinzipien aufgeklärter Leser sich daraufhin gerade *gegen* diese Prinzipien wendet, weil er seine illiberalen Urteile bezüglich bestimmter Einzelfälle für gerechtfertigter hält als die mit ihnen im Widerspruch stehenden allgemeinen Prinzipien. Um eine solche überstürzte Reaktion zu verhindern, geht Mill sehr behutsam vor: Das Kapitel „Anwendungen" setzt er an das Ende seiner Abhandlung; und im Kapitel „Über Individualität als eins der Elemente der Wohlfahrt" beschränkt er sich darauf, den Wert von Individualität und Originalität generell plausibel zu machen. Dabei benutzt er wieder eine Doppelstrategie, die nicht ganz unproblematisch ist: Einerseits appelliert er an die Einsicht seiner Leser und führt ihnen ein Menschenbild vor Augen, das von diesen Werten geprägt ist; andererseits argumentiert er aber darüber hinaus, daß die Freiheit der individuellen Lebensgestaltung für jeden von Vorteil ist – also auch für den, der zufrieden mit dem Strom der anderen schwimmt. Damit vermengt Mill wieder philosophische und empirische Argumente, was bei seinen Lesern die nachteilige Wirkung haben könnte, daß sie weitreichende Freiheitsrechte insgesamt für haltlos halten, wenn sich das empirische Argument als unzureichend erweisen sollte. Im Hintergrund dieser Problematik steht bei Mill das philosophische Programm, den Liberalismus utilitaristisch zu begründen. Deshalb soll hier bei der Kommentierung von Mills Kapitel zur Individualität ausführlicher auf die Theorie des Utilitarismus eingegangen werden. Zunächst aber muß Mills Argumentation nachgezeichnet werden.

Mill verteidigt die individuelle Freiheit in zwei Bereichen: Einmal bezieht er sich auf die schon verteidigte Meinungsfreiheit, und auf dieser Grundlage argumentiert er auch für die weitergehende Freiheit der individuellen Lebensgestaltung. Diesen Übergang von Meinungen zu Handlungen macht Mill auf zwei Arten plausibel. Auf der einen Seite ist ja schon die Freiheit, die eigene Meinung öffentlich zu äußern, eine Freiheit, die eine äußere Handlung betrifft. Daher kann Mill hier auf die Argumente zurückgreifen, die er in dem vorherigen Kapitel zur Verteidigung der Pressefreiheit verwandte. Auf der anderen Seite versucht Mill, die Freiheit der Meinungsäußerung und die Freiheit der Lebensgestaltung einander anzunähern, indem er betont, daß selbst die Meinungsfreiheit nicht ohne alle Einschränkung bestehen kann. Auf diese Weise kann Mill denjenigen Gegnern fürs erste den Wind aus den Segeln nehmen, die sonst von vornherein die Vorstellung als absurd zurückweisen würden, daß jede beliebige Lebensgestaltung erlaubt sein sollte. Mills Darstellung der Grenzziehung dieser Freiheiten – durch die dann allerdings ein Gebiet ansonsten unbeschränkter Freiheit abgesteckt wird – ist aus systematischen Gründen hilfreich, weil Mill hierbei Prinzipien andeutet, die über das Schadensprinzip hinausgehen, aber dennoch von einem Rechtsliberalisten akzeptiert werden können.

Erste Einschränkung der Meinungsfreiheit: Keine Aufhetzung zu Straftaten

Schon im Kapitel zur Meinungsfreiheit läßt Mill des öfteren die Klausel einfließen, daß seine liberalistischen Prinzipien nur dann volle Gültigkeit für ein Individuum besitzen, wenn sein Verhalten andere nicht – oder zumindest nicht in erster Linie – betrifft. Das *Schadensprinzip* des Rechtsliberalismus behält also in jedem Falle seine Gültigkeit. Wenn Mill daher die freie Meinungsäußerung dann für strafwürdig hält, wenn diese die Form einer direkten „Aufreizung zu irgendeiner Straftat" (R 77) annimmt, ist dies schon allein auf der Grundlage dieses Grundprinzips zu rechtfertigen. Wer also – so Mills Beispiel (R 77) – einer erregten Menge vor dem Haus eines Getreidehändlers zuruft, daß die Getreidehändler die Armen aushungern, könnte sich eventuell strafbar machen – wenn nämlich die Umstände so sind, daß eine solche Meinungsäußerung erkennbar einen Schaden direkt verursacht. Durch diese Betonung der Grenzen der Freiheit will Mill den Bereich der inhaltlich unbestimmten Freiheit quasi von außen festschreiben, damit aber auch sichern: Solange das Schadensprinzip beachtet wird, hat sich der Staat nicht um die Meinungen und Handlungen des einzelnen Bürgers zu kümmern – was immer sie dann auch sein mögen.

Wir sahen allerdings schon oben, daß Mill zumindest implizit in einem bestimmten Maße die Ergänzungsbedürftigkeit des Schadensprinzips anerkennt.

Zweite Einschränkung der Meinungsfreiheit (und anderer Freiheiten): Keine unzumutbaren Belästigungen

Zwar ist Mill vorsichtig bei der Erörterung des Vorschlags, die Erregung öffentlichen Ärgernisses anderer zu berücksichtigen (vgl. R 73 f) – vor allem, weil er einen Mißbrauch befürchtet, der über den Umweg des *Ärgernisprinzips* u.a. rechtsmoralistische Positionen durchsetzen könnte. Wie wir aber schon oben sahen, ist eine begründete Grenzziehung der Reichweite des Ärgernisprinzips möglich: Für den Bereich der Meinungsäußerung läßt sich etwa zwischen bloßer Volksverhetzung und *argumentativer* Diskussion unterscheiden. Auch für den Bereich, der über die Freiheit der Meinungsäußerung hinausgeht, kann der Liberalist das Ärgernisprinzip in einer bestimmten Form akzeptieren: Wie schon oben kurz erwähnt, muß eine *zumutbare Ausweichmöglichkeit* bestehen für diejenigen, die durch bestimmte Handlungen oder Praktiken eines Individuums gefühlsmäßig erheblich provoziert oder verletzt werden. Im Zusammenhang mit der Freiheit der Lebensgestaltung wird diese Einschränkung auch von Mill anerkannt: „Insofern muß man die Freiheit des einzelnen beschränken, er darf sich nicht zu einer Belästigung für andere entwickeln" (R 77 f).

Dieses Prinzip ist zwar mit Mills rechtliberalistischem Programm vereinbar. Mill macht aber nicht hinreichend deutlich, daß das Ärgernisprinzip eine wesentliche Ergänzung des Schadensprinzips bildet, das er zu Beginn (R 16 f) als für den Rechtsliberalismus einzig akzeptables Prinzip einführt. Dieses zusätzliche Prinzip der zu vermeidenden unzumutbaren Belästigung anderer dient Mill allerdings in der Hauptsache als Rückendeckung, um im folgenden umso stärker für das Recht der individuellen Lebensgestaltung eintreten zu können.

Das individualistische Programm: Vielfalt statt Einheit

Wie im Bereich der Meinungen ist auch im Bereich der Lebensarten Vielfalt ein positiver Wert. Mill schränkt zwar etwas geheimnisvoll ein: „bis die Menschheit fähiger als augenblicklich ist, alle Seiten der Wahrheit zu erkennen“ (R 78); aber aus all seinen übrigen Äußerungen spricht seine uneingeschränkte Wertschätzung der Individualität: „Wo nicht der eigene Charakter, sondern Tradition oder Sitten anderer Leute die Lebensregeln aufstellen, da fehlt es an einem der hauptsächlichsten Bestandteile menschlichen Glücks, ja dem wichtigsten Bestandteil individuellen und sozialen Fortschritts“ (R 78). Dies läßt sich wohl nur so deuten, daß die Einheit aller Meinungen oder gar die einheitliche Lebensgestaltung aller Bürger allenfalls ein sekundäres Resultat des Fortschritts sein kann, während die Freiheit, das eigene Leben gemäß dem eigenen Charakter zu gestalten, ein anzustrebendes Primärgut ist.

Wenn Mill in diesem Zusammenhang sogar so weit geht, das Ausprobieren verschiedener Lebensarten zu propagieren (R 78) – im englischen Original heißt es: „there should be different experiments of living“ –, stellt sich allerdings die Frage besonders dringend, wie ein solches Programm mit dem Utilitarismus vereinbar ist. Diese Frage erfordert eine weiter ausgreifende Erörterung, die jedoch an dieser Stelle gerechtfertigt ist, da hier die Spannungen zwischen Liberalismus und Utilitarismus besonders deutlich werden.

Varianten des Utilitarismus

Der Utilitarismus appelliert an die Grundintuition, daß ein Zustand, in dem alle glücklich sind, einem anderen Zustand vorzuziehen ist, in dem alle unglücklich sind. Wenn man jedoch diese Theorie genauer untersucht, sieht man, daß der erste Blick täuschen kann: Das theoretische Prinzip, immer das größte Glück der größten Zahl („the greatest happiness of the greatest number“[1]) anzustreben, hat mögliche Konsequenzen, die intuitiv völlig inakzeptabel sind. Auch Benthams Forderung, daß das Glück jedes einzelnen gleichermaßen berücksichtigt werden muß („everybody to count for one, and nobody for more than one“), klingt zwar plausibel, kann aber ebenfalls inakzeptable Konsequenzen nicht ausschließen. Dies liegt in erster Linie daran, daß der Utilitarismus auf einem kalküli-

[1] Diese Formel stammt von Francis Hutcheson, der allerdings eher eine Theorie des *moral sense* als eine Variante des Utilitarismus vertrat.

sierenden Bewertungsmodell aufbaut, das insbesondere Glück und Unglück gegeneinander aufrechnet – und zwar gegebenenfalls das Unglück des einen gegen das Glück des anderen. Hier sei nur ein besonders drastisches Fallbeispiel beschrieben:[2] In den Südstaaten der USA ist ein Weißer ermordet worden. Der Täter ist unbekannt, aber es wird allgemein vermutet, daß es sich um einen Schwarzen handelt. Eine Gruppe Weißer rottet sich zusammen und will sich lynchend an der schwarzen Bevölkerung rächen. Nun könnte ein utilitaristisch gesinnter Sheriff erwägen, irgendeinen Schwarzen zu verhaften, diesen den Rachsüchtigen als Täter zu präsentieren und ihn der „Lynchjustiz" zu überlassen. Immerhin spricht einiges dafür, daß die Menge nach der Ermordung dieses einen zufrieden nach Hause gehen wird; und wenn auf die Schnelle niemand als „Täter" verhaftet wird, wird der schwarzen Bevölkerung voraussichtlich noch mehr Leiden zugefügt werden. Der gesunde Menschenverstand wird aber dennoch urteilen, daß ein solches Verhalten des Sheriffs in diesem gedachten Fallbeispiel zu verurteilen wäre.[3] Der überzeugte Utilitarist kann sich entweder gegen diesen gesunden Menschenverstand wenden (was die Diskussion zu einem Ende bringt, aber kaum als überzeugende Antwort anzusehen ist) oder er kann die im Fallbeispiel vorausgesetzte empirische Nutzenkalkulation kritisieren: Er kann zum Beispiel die These vertreten, daß die erwogene Handlungsweise des Sheriffs letztendlich weniger Nutzen produzieren würde als eine gerichtliche Unschuldsvermutung. Diese Erwiderung mag in Einzelfällen sogar stichhaltig sein; entscheidend ist aber, daß ein solcher Utilitarist gezwungen wäre, für alle denkbaren Fälle *a priori* zu postulieren, daß es empirisch niemals der Fall sein wird, daß eine Nutzenkalkulation eine Vorgehensweise empfehlen könnte, die unseren Gerechtigkeitsüberzeugungen widerspricht. Und dieses Postulat ist zumindest bezweifelbar. Die gesamte Kalkulation des Utilitaristen könnte aber auch

---

[2] Vgl. die Beispiele bei H.J. McCloskey, „A Non-Utilitarian Approach to Punishment" (1965), in: Michael D. Bayles (Hrsg.), *Contemporary Utilitarianism* (1968; repr. Gloucester, Mass., 1978), S. 239-259.

[3] Ein weniger ernsthaftes, aber gleichwohl treffendes Fallbeispiel ist ein Bundesligaspiel zwischen dem FC Bayern München und Borussia Mönchengladbach. Wenn es empirisch der Fall sein sollte, daß ein Sieg von Gladbach mehr Freude bei der Gesamtbevölkerung produzieren würde als ein Sieg der Bayern, dann hat bei Voraussetzung der Richtigkeit des Utilitarismus der FC Bayern die moralische Verpflichtung, das Spiel zu verlieren.

einer noch tiefgreifenderen Kritik unterzogen werden: Man kann darauf hinweisen, daß es grundsätzlich unangemessen ist, z. B. die Leiden der Sklaven gegen die Vorteile der Sklavenhalter aufzurechnen. Gerechtigkeitserwägungen sind kategorial verschieden von Fragen der Nutzensmaximierung, d. h. Ergebnisse über erzielbaren Nutzen sind prinzipiell ungeeignet zur Lösung von Problemen der Verteilungsgerechtigkeit (von Gütern und Lasten).

In Reaktion auf die Kritik am traditionellen Utilitarismus wurde in den 50er Jahren des 20. Jahrhunderts eine Variante dieser Theorie entwickelt, die die obengenannten inakzeptablen Konsequenzen vermeiden soll. Die neue Theorie wurde „Regelutilitarismus“ genannt und sollte sich von dem traditionellen *Handlungs*utilitarismus unterscheiden. Interessanterweise wurde Mill rückblickend als ein Hauptvertreter dieses Regelutilitarismus angesehen,[4] und einige Interpreten hatten die Hoffnung, über diese Theorie Mills Liberalismus mit dem Utilitarismus zu versöhnen. Die Grundidee der neuen Theorie besteht in der Unterscheidung von zwei Stufen der Begründung: Normatives Urteilen soll sich an bestimmten Regelsystemen orientieren, die zur Rechtfertigung von Einzelurteilen genügen; nur diese Regelsysteme selbst sollen unabhängig davon durch das Nutzensprinzip des Utilitarismus gerechtfertigt werden. Auf diese Weise ließe sich etwa argumentieren, daß die Regel, niemals Unschuldige zu „bestrafen“, genügt, um das Verhalten des *handlungs*utilitaristischen Sheriffs aus dem obigen Fallbeispiel auszuschließen. Nach Ansicht des Regelutilitaristen läßt sich diese Regel selbst aber dadurch rechtfertigen, daß eine Praxis, die auf dieser Regel aufbaut, mehr Nutzen produziert als eine andere, in der diese Regel nicht gilt. Beim Beurteilen eines Einzelfalls ist der Rekurs auf das utilitaristische Kalkül dagegen nicht erlaubt; dort dürfen allein die allgemein formulierten Regeln zur Rechtfertigung herangezogen werden.

Um es kurz zu machen: Das Projekt des Regelutilitarismus gilt heute als gescheitert.[5] Das Hauptproblem dieser spezifischen Form des Utilitarismus (abgesehen von der schon angesprochenen generellen Unfähigkeit dieser Theorie, Fragen der Verteilungsgerechtigkeit angemessen zu berücksichtigen) betrifft das doppelte Ziel, ei-

---

[4] Vgl. James O. Urmson, „The Interpretation of the Moral Philosophy of J. S. Mill“ (1953), in: Michael D. Bayles (Hrsg.), *Contemporary Utilitarianism,* S. 13-24 [dt. „Zur Interpretation der Moralphilosophie J. St. Mills“, in: Otfried Höffe (Hrsg.), *Einführung in die utilitaristische Ethik: Klassische und zeitgenössische Texte* (München, 1975), S. 87-95].

nerseits allein das utilitaristische Nützlichkeitsprinzip als letztes Begründungsprinzip zuzulassen, andererseits aber in konkreten Situationen zu anderen Handlungsempfehlungen zu kommen als der Handlungsutilitarismus. Ungelöst ist dabei sowohl das Problem des möglichen Konflikts verschiedener Regeln als auch das Problem, ein Regelkonzept zu entwickeln, das über bloße Faustregeln zur Abschätzung des zu erwartenden Nutzens hinausgeht, dabei aber gleichzeitig keinem – aus utilitaristischer Sicht – „Götzendienst" gegenüber irgendwelchen Regeln verfällt. Zwischen einfachen (und lehrbaren!) Regeln kann es immer zu Konflikten kommen; in einem Einzelfall können verschiedene Regeln relevant sein, und die angemessene Gewichtung muß durch die Urteilskraft geleistet werden, die eine allgemein zustimmungsfähige Bewertung finden muß. Für den Utilitaristen – auch den Regelutilitaristen – kann diese Gewichtung aber nur in einer Nutzenskalkulation bestehen; und damit fällt der Regelutilitarist auf den Handlungsutilitarismus zurück. Dies zeigt sich auch bei der Rechtfertigung verschiedener Regelsysteme: Der Regelutilitarist muß dasjenige Regelsystem vorziehen, daß den größten Nutzen produziert. Wenn dann aber eine Praxis, die das Verurteilen Unschuldiger erlaubt, den größeren Nutzen produziert, dann muß auch der *Regel*utilitarist diese Praxis vorziehen.

Individuelle Freiheit als Bedingung oder als Bestandteil des Glücks?

Die doppelte Motivation des Regelutilitarismus findet sich auch bei Mill, und sie wird besonders deutlich in seinem Kapitel über den Wert der Individualität. Wer das Ausprobieren verschiedener Formen der Lebensgestaltung propagiert, der hat es schwer, dieses mit einer Betrachtungsweise zu verbinden oder gar zu begründen, die alles aus dem Blickwinkel des gesamtgesellschaftlichen Nutzens bewertet.[6] Mill macht sehr deutlich, daß er die freie Entwicklung

---

[5] Der Regelutilitarismus hat aber noch Verteidiger; vgl. z. B. Richard B. Brandt, *A Theory of the Good and the Right* (Oxford, 1979). Selbst der Handlungsutilitarismus wird in manchen Weltgegenden (bes. Australien) noch vertreten; vgl. z. B. J.J.C. Smart, „An outline of a system of utilitarian ethics", in: J.J.C. Smart u. Bernard Williams, *Utilitarianism: for and against* (Cambridge, 1963) S. 1-74.

[6] Selbst Rawls' Gerechtigkeitstheorie, die gegen den Utilitarismus gerade die grundlegende Bedeutung von Bürgerrechten betont, hat Schwierigkeiten, die andererseits geforderte Verbesserung der Lage der sozial Schwäch-

der Persönlichkeit keineswegs als bloßes Mittel zur Erreichung eines anderweitigen Zwecks auffaßt (R 78 f). Andererseits verweist er aber darauf, daß diese Freiheit eine Hauptbedingung des Glücks und des individuellen und sozialen Fortschritts bildet. Diese doppelte Begründungsstrategie Mills erfordert die begriffliche Unterscheidung zwischen zwei möglichen Beziehungen von individueller Freiheit und sozialem Fortschritt: Ist das Recht der persönlichen Selbstbestimmung nur eine *Bedingung* des gesamtgesellschaftlichen Nutzens, oder ist dieses Recht ein *Bestandteil* des angestrebten Idealzustands? Ist es *inhärent* wertvoll oder nur *instrumentell* nützlich?

Von einem praktischen Standpunkt erscheint es vielleicht müßig, über diese philosophische Unterscheidung zu streiten: Was kümmert es das Individuum, wie seine Freiheit letztlich begründet wird, wenn sie nur in der Praxis garantiert wird? Die herausgestellte Unterscheidung ist jedoch auch von direkter politischer Relevanz. Wenn die entsprechenden Freiheitsrechte nur instrumentalistisch gerechtfertigt sind, dann können sie in jedem konkreten Einzelfall wieder neu in Frage gestellt werden, indem man darauf hinweist, daß es in diesem Fall empirisch zweifelhaft ist, ob sie tatsächlich zur Mehrung des übergeordneten Werts beitragen. Wenn aber zumindest plausibel gemacht werden könnte, daß diesen Freiheitsrechten ein Wert unabhängig von allen weiteren Konsequenzen zugemessen werden sollte, dann sind sie der tagespolitischen Diskussion entzogen – mit einem Status ähnlich den im Grundgesetz niedergelegten Menschenrechten. Mill könnte natürlich behaupten, daß für die Freiheitsrechte *beides* gilt: Sie sind an sich wertvoll *und* sie sind gesamtgesellschaftlich nützlich. Damit hätte er aber den Utilitarismus im engeren Sinne aufgegeben, weil dieser keine positive Bewertung unabhängig vom obersten Nutzensprinzip zulassen kann. Wer sowohl den inhärenten als auch den instrumentellen Wert individueller Freiheit verteidigen will, der kann sich zu Begründungszwecken auch direkt darauf beschränken, den inhärenten Wert dieser Freiheit nachzuweisen (oder zumindest plausibel zu machen). Daß diese Freiheit darüber

---

sten so in die Gerechtigkeitsprinzipien einzubeziehen, daß die individuelle Freiheit, mit verschiedenen Formen der Lebensgestaltung zu experimentieren, theoretisch nicht gefährdet wird. Vgl. Allen Buchanan, „A Critical Introduction to Rawls' Theory of Justice", in: H. Gene Blocker u. Elizabeth H. Smith (Hrsg.), *John Rawls' Theory of Social Justice: An Introduction* (Athens, Ohio, 1980), S. 33.

hinaus auch für andere Zwecke instrumentell wertvoll ist, braucht nicht mehr gezeigt zu werden, wenn die erste Begründung zutrifft.

Die Verdeutlichung des instrumentellen Werts kann aber aus strategischen Gründen angebracht sein, weil sie zum Zweck der *Durchsetzung* solcher Freiheitsrechte die Zustimmung auch derjenigen gewinnen kann, die zwar persönliche Selbstbestimmung an sich nicht schätzen, aber andererseits Ziele verfolgen, die durch freie Persönlichkeitsentwicklung gefördert oder vielleicht allein durch sie erreicht werden können. In diesem Sinne läßt sich auch Mills Vorgehensweise in dem hier zu besprechenden Kapitel sinnvoll deuten: Mill verteidigt im ersten Teil den grundlegenden Wert der Individualität. In einem zweiten Teil schließt er eine strategische (allerdings auf *Überzeugung* und nicht auf *bloße* Überredung zielende) Diskussion an, die auch diejenigen, die allzu weitreichenden individuellen Freiheiten eher skeptisch gegenüberstehen – selbst, wenn, wie Mill immer betont, das Schadensprinzip gewahrt bleibt –, auf die Seite der Freiheit ziehen soll. Mills Kapitel „Über Individualität als eins der Elemente der Wohlfahrt" zerfällt also in zwei Teile mit jeweils verschiedenen Hauptthesen.

Mills erste Hauptthese zur Individualität: Persönliche Selbstbestimmung ist „etwas innerlich Wertvolles." (R 79)

Der Wert der Freiheit zur individuellen Lebensgestaltung ist nicht so einfach zu begründen wie der Wert der Meinungsfreiheit. *Diese* läßt sich in einem bestimmten Ausmaß sogar schon durch den Hinweis auf logische bzw. transzendentalphilosophische Bedingungen begründen. Die Begründung eines *ethischen* Werts ist demgegenüber in größerem Maße auf Plausibilitätserwägungen angewiesen, die nicht im Sinne einer logischen Deduktion bewiesen werden können. Damit werden sie zwar nicht automatisch zu bloßen Gefühlsäußerungen, sondern stehen einer argumentativen, intersubjektiven Prüfung offen. Aber dennoch dürfen von Mills Darstellung keine Beweise erwartet werden, die auch den verstocktesten Tyrannen zu einem Verfechter allgemeiner und gleicher Menschenrechte werden lassen: So etwas ist von *keiner* praktischen Philosophie zu leisten und darf daher auch bei der kritischen Prüfung von Mills Verteidigung der Individualität nicht verlangt werden.

Zwei Feinde der Freiheit: die schweigende Mehrheit und die selbsternannten Sittlichkeitsapostel und tyrannischen Gesellschaftsreformer (R 79)

Den Verfechtern persönlicher Selbstbestimmung stehen zwei Bevölkerungsgruppen skeptisch gegenüber: Da sind einmal diejenigen, die mit der gewöhnlichen, durchschnittlichen Lebensart zufrieden sind – nach Mill die Mehrheit, die sich über die etablierten, traditionellen Bräuche definiert und kein Interesse an Abweichungen hat. Die Gruppe der Sittlichkeitsapostel, die Mill als weitere Gegner nennt, lehnen die Wertschätzung der persönlichen Selbstbestimmung sogar ausdrücklich ab; denn sie wollen den Menschen ihre eigenen Ideale von außen aufzwingen und müssen deshalb Individualität als schädlich ansehen.[7]

Mills Pläne sind allerdings nicht ganz ohne Ansatzpunkt in der Bevölkerung; denn:

Das Problem der Anerkennung des Werts der Individualität ist „nur ein graduelles." (R 80)

Auch wenn die meisten nicht solch glühende Verfechter von Individualität und Originalität sind wie der von Mill gerühmte Wilhelm von Humboldt, hält doch niemand das bloße Kopieren anderer für das höchste Ideal. Außerdem konzediert Mill seinen Gegnern, daß niemand in seiner Lebensgestaltung alle vorherigen Erfahrungen der Menschheit ignorieren sollte: Gesicherte Erkenntnisse müssen in der Erziehung vermittelt werden. Die Vermittlung dieser Erfahrungen kann aber die Entwicklung der eigenen Persönlichkeit nicht ersetzen.

Erfahrungen, Sitten und Gebräuche können nicht ohne Nachteile einfach übernommen werden.

Mill führt drei Gründe für das Ungenügen der bloßen Übernahme von Traditionen an:

---

[7] An dieser Charakterisierung wird deutlich, daß Mill nur eine bestimmte Art von Reformern kritisiert, nämlich diejenigen, die bestimmte materiale Werte von Staats wegen erzwingen wollen – also im Sinne des Rechtsmoralismus. Andere Reformbestrebungen werden von Mills Kritik nicht getroffen – schließlich ist ja auch Mill selbst an gesellschaftlichem Fortschritt interessiert.

1. Jede Erfahrung (bzw. Tradition, in die bestimmte Erfahrungen eingeflossen sind) muß interpretiert werden, und dies könnte bislang zu einseitig geschehen sein.
2. Nicht jede Erkenntnis ist brauchbar in jeder Situation. Dasselbe gilt für Bräuche und Sitten: „Gewohnheiten sind für gewöhnliche Umstände und gewöhnliche Charaktere gemacht" (R 80); es gibt aber auch ungewöhnliche Situationen.
3. Die bloße Übernahme guter Erfahrungen und Bräuche trägt nicht zur Entwicklung der menschlichen Fähigkeiten bei. Urteilskraft kann nur durch Selbständigkeit geübt werden (R 81). Dieser letzte Punkt wird von Mill besonders betont und muß im Zusammenhang mit seinem idealistischen Menschenbild gesehen werden. Er glaubt an den möglichen Fortschritt in der Entwicklung der Menschheit; und dieser Fortschritt besteht in der umfassenden Entwicklung jedes Individuums.

Vernünftige Entscheidungsfindung und persönliche Vervollkommnung

Im Gegensatz zum „postmodernen" Verständnis einer ganzheitlichen Persönlichkeitsentwicklung empfindet Mill die Vernunft nicht als Hindernis, sondern als entscheidendes Hilfsmittel: Sie erlaubt es, traditionelle Ansichten und Bräuche zu prüfen und daraufhin zu einer *begründeten* eigenen Entscheidung zu kommen. Im Gegensatz zu allzu intellektualistischen Rationalisten weiß Mill aber, daß die Persönlichkeitsentwicklung nicht nur den Verstand, sondern auch den Charakter betrifft. In diesem Zusammenhang ist interessant, daß Mill – wie die Tugendethiken in der Tradition des Aristoteles (und im Gegensatz zum üblichen Utilitarismus) – erkennt, daß die „moralische" Entwicklung des Menschen nicht nur betrifft, was er tut, sondern auch, was er ist. Mit bemerkenswerter Aktualität verdeutlicht Mill diesen Punkt durch einen Vergleich zwischen Menschen und computerisierten Robotern („Maschinen-Automaten in menschlicher Form" (R 82)): Selbst wenn Maschinen dieselben Leistungen wie Menschen erbringen könnten, wären sie doch kein adäquater Ersatz für lebende Menschen, nicht einmal – wie Mill ironisch ergänzt – für diejenigen Exemplare der Spezies, die zur Zeit die Welt bevölkern und weit entfernt von den erreichbaren Idealen menschlicher Entwicklung sind. Menschen sollten nicht einfach vorgegebene Pläne erfüllen, sondern sich nach ihren eigenen Gesetzen entwickeln.

Einwand eines Kritikers: Der eigenen Vernunft zu folgen mag vielleicht wünschenswert sein. Für die individuellen Triebe und Wünsche gilt dies aber nicht.

Mills Verteidigung des Individualismus geht weiter, als nur die vernünftige Prüfung der traditionellen Ansichten und Gebräuche durch den einzelnen anzuregen. Starke individuelle Triebe werden aber von vielen als nicht unbedingt wünschenswert oder sogar als gefährlich angesehen, weil sie z. B. das persönliche Gewissen schwächen könnten. Mill läßt diesen Einwand nicht gelten.

Mills Entgegnung: Zu einem starken Charakter gehören auch und gerade eigene Wünsche und Begierden.

Mill wendet sich gegen eine Tradition, die im Christentum zumindest seit Augustinus dominant ist und nach der „das Fleisch" „sündig" ist. Aus einer solchen Perspektive muß alles Körperliche natürlich als mit einem Makel befleckt angesehen werden. Mill hält dagegen körperliche Wünsche und Begierden für *prima facie* – d. h., für sich allein betrachtet – moralisch neutral.[8] Für ihn sind Triebe und Begierden das „Rohmaterial der menschlichen Natur" und damit „nur ein anderer Name für Energie" (R 83). Die moralische Bewertung der körperlichen Ausstattung hängt für ihn davon ab, was man daraus macht: Schließlich ist aus einem aktiven Charakter mehr Gutes herauszuholen als aus einem untätigen.

Sein Lob der persönlichen Impulse, die zur Quelle der leidenschaftlichsten Liebe zur Tugend und der strengsten Selbstbeherrschung werden können, verbindet Mill mit einem konsequentialistischen Aspekt (der eigentlich eher in den zweiten Teil des Kapitels zur Individualität gehört): Er fragt nicht so sehr danach, wodurch man sich besonders große moralische Verdienste erwirbt (so wie Kant etwa die Bekämpfung böser Neigungen durch den guten Wil-

[8] Wünsche und Begierden sind also für sich betrachtet weder gut noch schlecht. Es kommt vielmehr auf die konkreten Inhalte an: Neid und Schadenfreude sind im Regelfall negativ, Wohlwollen und Anteilnahme positiv zu bewerten. Eine Regel kann *prima facie* gültig sein – z. B.: Geliehenes muß zurückgegeben werden –, kann aber unter bestimmten Umständen „überstimmt" werden durch eine andere Regel, die in der konkreten Situation schwerer wiegt – z. B.: Man soll Schaden von anderen abwenden. Vgl. Sokrates' (bzw. Platons) Beispiel eines Leihgebers, der seine Waffe zurückfordert, inzwischen aber wahnsinnig geworden ist (Plato, *Politeia*, I. 331 c).

len als besonders bedeutungsvoll hervorstreicht), sondern eher danach, welche Handlungen bzw. Charakterzüge besonders nützlich und damit sozial wünschenswert sind. Ihm sind Menschen von natürlicher Menschenfreundlichkeit lieber als solche, die ihren Menschenhaß durch Vernunfterwägungen und Willensanstrengungen zu unterdrücken gelernt haben.

Mill könnte seine Begründung verteidigen durch die Unterscheidung zwischen moralischen und gesellschaftspolitischen Erwägungen: Seine Verteidigung der Individualität würde dann zu seinen Grundwerten gehören, und seine Betonung sozial wünschenswerter Neigungen wäre eher zu seiner praktischen Gesellschaftspolitik zu rechnen; und daß solche sozialen Triebe gefördert werden sollten, darüber dürfte wohl ein allgemeiner Konsens bestehen. Aus diesem Grund ist Mills folgende Frage relevant, auch wenn mancher der Meinung sein wird, daß sie nicht in den engeren Rahmen einer philosophischen Erörterung gehört.

Mills empirische Frage: Hat die Gesellschaft für starke Naturen keine Verwendung?

Mill unterscheidet bei der Beantwortung dieser Frage zwei historische Phasen, die durch ein unterschiedliches Verhältnis zwischen Eigenwillen und sozialem Prinzip geprägt sind (R 84):

1. In früheren Zeiten waren die Grundregeln des sozialen Zusammenlebens durch ungezügelte individuelle Impulse gefährdet. Die körperlich Mächtigsten konnten nicht gebändigt werden und fügten anderen Menschen Schaden zu. Ihre Kontrolle war nötig, um die Rechtsordnung zu sichern.
2. Heute (d. h. für Mill: Mitte des 19. Jahrhunderts) sind die Verhältnisse jedoch ganz anders. Die Gemeinschaft hat gegenüber dem Individuum allzusehr die Übermacht gewonnen. Dies äußert sich nicht nur in direktem Zwang, der dadurch gerechtfertigt wird, der Gemeinschaft „den Genuß von ein bißchen Sicherheit" (R 84) zu ermöglichen.[9] Der außerrechtliche soziale Druck, der oft schon so weit zur zweiten Natur geworden ist, daß er gar nicht mehr bemerkt wird, wirkt stärker als jede staatliche Zen-

[9] Mill bezieht sich hier vielleicht auf Benjamin Franklins Diktum: „Wer ein Freiheitsrecht für ein bißchen zeitweilige Sicherheit herzugeben bereit ist, verdient weder Freiheit noch Sicherheit." Es ist wohl das unvermeidbare Berufsrisiko eines liberalen Innenministers, von bestimmten Kreisen als „Sicherheitsrisiko" bezeichnet zu werden.

sur: Jeder – oder zumindest fast jeder – gefällt sich in der Herde und will nicht aus der Reihe tanzen.

Mill müßte nach seiner Ankündigung jetzt zeigen, daß unter den gegenwärtigen Bedingungen die Gesellschaft für starke Naturen – d. h. für solche mit energisch vertretenen individuellen Wünschen – Verwendung hat. Statt einer solchen empirischen Anwort fährt Mill aber fort mit einem Appell an die impliziten Werte, die die Grundlage für die unterschiedlichen Sichtweisen bilden. Ein solcher Appell ist zwar grundsätzlich in solchen Prinzipienfragen legitim, und er paßt auch besser zu dem ersten Teil des Kapitels zur Individualität. Aber es muß darauf hingewiesen werden, daß Mill die selbstgestellte empirische Frage hier nicht beantwortet. Dies ist allerdings kein Beinbruch, denn auf die weitreichenden Folgen der Freiheit zur individuellen Lebensgestaltung – mit ihren positiven Konsequenzen auch für diejenigen, die diese Freiheit selbst nicht in Anspruch nehmen wollen – geht Mill im zweiten Teil dieses Kapitels noch ein. Sein jetziger Argumentationszusammenhang ist aber ein anderer.

Mills philosophische Frage: Was ist die wünschenswerte Beschaffenheit der menschlichen Natur? Zwei christliche Menschenbilder. . .

Mit dieser Frage argumentiert Mill nicht von einer gemeinsamen Basis aus (etwa im Sinne der logischen Deduktion einer Konklusion aus vorausgesetzten Prämissen). Vielmehr möchte er eine bestimmte *Einsicht* vermitteln, um allererst eine solche gemeinsame Grundlage mittels Plausibilitätserwägungen zu schaffen.[10] Geschickterweise setzt er zu diesem Zweck zwei Menschenbilder einander gegenüber, die beide dem Christentum entstammen und bei genauer Analyse Unstimmigkeiten in den üblichen Überzeugungen aufzeigen: Auf der einen Seite steht der Calvinismus, für den die menschliche Natur von Grund auf verdorben ist und der deshalb jede individuelle Willensäußerung negativ beurteilt; und auf der anderen Seite steht die Vorstellung von einem gütigen Schöpfergott, der dem Menschen Eigenschaften gab, die der Kultivierung wert sind (R 85 f). Die Gegner Mills (zumindest unter seinen Zeitgenossen) stehen damit vor einem Dilemma: Den Calvinismus lehnen sie

[10] Zu den Kategorien *Argument* und *Einsicht*, die beide eine jeweils verschiedene Form von Erkenntnis vermitteln, vgl. Gottfried Gabriel, „Literarische Form und nicht-propositionale Erkenntnis in der Philosophie", in: Gottfried Gabriel u. Christiane Schildknecht (Hrsg.), *Literarische Formen der Philosophie* (Stuttgart, 1990), S. 17 ff.

üblicherweise ab; aber andererseits lehnen sie auch die individuelle Entfaltung der natürlichen Anlagen ab. Hier müssen also allgemeine religiöse Prinzipien und konkretere politische Überzeugungen in ein „reflektives Gleichgewicht“ (Rawls) gebracht werden. Wer das Ausleben der individuellen Talente ablehnt, gerät in die Nähe des Calvinismus. Wer stattdessen an der Vorstellung eines gütigen Schöpfergottes festhalten will, kann auch die individuellen Wünsche nicht von vornherein verdammen.

Wenn es allein diese beiden Alternativen gäbe, könnte Mill wohl einen klaren Sieg verbuchen: Die meisten werden die zweite Kombination vorziehen. Schwieriger ist aber mit einem Kompromißler umzugehen, der Mill einen Schritt weit entgegenkommen will, einen allgemeinen Individualismus aber für wenig wünschenswert hält.

Einwand eines Kritikers: Die Menschen sollen nur einige ihrer Neigungen befriedigen. (R 86)

Ein solcher halbherziger Kompromiß genügt Mill nicht. Außerdem kann er dazu führen, daß von der Freiheit der individuellen Lebensgestaltung fast gar nichts übrig bleibt – etwa, weil solche Kritiker vielleicht nur noch die Befriedigung derjenigen Wünsche erlauben wollen, die von Staats wegen ausdrücklich erlaubt sind, was wiederum dem Individualismus gerade entgegengesetzt wäre.

Mills Programm: Selbstentwicklung statt Verkrüppelung

Jede Einschränkung der Individualität ist für Mill *prima facie* von Übel. Dabei bezweifelt er nicht einmal, daß viele Menschen aufrichtig sind in ihrer Anhängerschaft eines gepreßten und engherzigen Typs des menschlichen Charakters (R 86). Mill läßt aber schließlich erkennen, daß er mit seinem Programm eher dem *griechischen* als dem *christlichen* Menschenbild seiner Zeitgenossen anhängt (wobei er Perikles als großes Vorbild nennt).

Einem möglichen Mißverständnis tritt Mill in diesem Zusammenhang nochmals ausdrücklich entgegen. Die Entwicklung eines individuellen Charakters ist zwar allgemein wünschenswert, gilt aber nicht uneingeschränkt:

Klarstellung: Gerechtigkeit geht vor Individualismus.

Im Gegensatz zu Nietzsche (und Heidegger) vertritt Mill keinen Kult des individuellen Heroismus (oder des „authentischen“ Handelns), der alle moralischen Erwägungen zweitrangig werden läßt.

Das Individuum soll die größtmögliche Freiheit genießen; aber diese ist genau begrenzt durch „strenge Regeln der Gerechtigkeit" (R 87), wie sie im Schadensprinzip zum Ausdruck kommen. Die individuelle Freiheit gilt nur „innerhalb der durch die Rechte und Interessen anderer gezogenen Grenzen" (R 87; vgl. R 92). Das bedeutet natürlich keine Einschränkung des liberalistischen Programms. Mill muß nur darauf achten, daß das Schadensprinzip nicht allzu weitreichend ausgelegt wird: Schaden muß von anderen abgewendet werden; aber das bloße Mißvergnügen anderer angesichts von ungewöhnlichen Formen der Lebensgestaltung ist kein relevanter Schaden im Sinne dieses Programms.

Schluß: Individuelle Entwicklung statt Despotismus (gleich welcher Art)

Zum Abschluß des ersten Teils des Kapitels zur Individualität bemerkt Mill, daß der Wert der Individualität auch daran deutlich wird, daß in denjenigen Zeitaltern, die allgemein als die bemerkenswertesten[11] gelten, die Freiheit der individuellen Lebensgestaltung besonders ausgeprägt war (R 88). Damit geht Mill über zu den Sichtweisen und Interessen derjenigen, die selbst der Individualität keinen unmittelbaren Wert beimessen. Bevor er aber zu dieser zweiten Argumentationsstrategie übergeht, bringt Mill noch einmal eine Spitze gegen bestimmte Religionsformen an: Wenn der Despotismus abzulehnen ist, insofern er der Individualität feindlich gegenübersteht, dann muß dies auch für die Form von unterdrückender Fremdbestimmung gelten, die sich zur ihrer Legitimation auf den Willen Gottes beruft.

Mills zweite Hauptthese zur Individualität: Alle profitieren davon, wenn die Freiheit der Lebensgestaltung garantiert wird. (R 88)

Mill führt mehrere Gründe an, warum es auch im Interesse derjenigen ist, denen an einer originellen Gestaltung des eigenen Lebens nicht gelegen ist, weitreichende Freiheitsrechte anzuerkennen:

1. Alle können möglicherweise von originellen Charakteren lernen; und es fehlt immer an Menschen, die nicht nur althergebrachte Meinungen auf ihren Wahrheitsgehalt prüfen, sondern auch neue Bräuche einführen und damit einen Beitrag liefern „für

[11] Die Übersetzung von „noteworthy" als „merkwürdig" ist irreführend.

aufgeklärtere Lebensführung, besseren Geschmack und Sinn im Menschenleben" (R 89; vgl. R 93).

2. Originelle Menschen können anderen die Augen öffnen für den Wert der Originalität, wodurch diese auf den Weg geführt werden können, selbst ihre Individualität zu entwickeln (R 90).
3. Alles vorhandene Gute ist die Frucht origineller Schaffenskraft (R 90 f).
4. Erst die Entwicklung der eigenen Individualität ermöglicht jedem einzelnen die für ihn beste Lebensgestaltung (R 93).
5. Menschlicher Fortschritt ist nur möglich im Widerstand gegen die Tyrannei der Gewohnheit (R 97).

Die angeführten Argumente zielen in verschiedene Richtungen und sind auch von sehr unterschiedlicher Schlagkraft. Argument 2 ist auf sich selbst gestellt zirkulär, indem es voraussetzt, was es gerade zu zeigen gilt: Man kann niemanden vom Wert der Individualität überzeugen, indem man darauf hinweist, daß sie weitere Individualität erzeugt. Dieses Argument kann allenfalls – wenn wir seine empirische Gültigkeit voraussetzen – verstärkend wirken, wenn unabhängig davon überzeugende Gründe für den Wert der Originalität vorgewiesen werden können. (Darüber hinaus will dieses Argument – ebenso wie Argument 4 – mehr nachweisen als nötig: Für den jetzigen Zusammenhang kann es Mill genügen zu zeigen, daß alle von der Individualität einzelner profitieren, auch wenn sie selbst keine Originalität entwickeln.[12])

Argument 3 ist allein auch nicht hinreichend. Selbst wenn man anerkennt, daß alle guten Sitten und Gewohnheiten sich theoretisch auf irgendwelche Ursprünge in einer Zeit zurückführen lassen, zu der sie gegenüber den vorher akzeptierten Regeln originell waren, läßt sich immer entgegnen, daß auch alle *schlechten* Sitten und Gewohnheiten irgendwann einmal originell waren. Logisch betrachtet geht dieses Argument in die falsche Richtung: Mill muß nicht empirisch nachweisen, daß alle guten Bräuche auf originelle Individuen zurückgeführt werden müssen; sondern er muß zeigen, daß *nur* durch die Freiheit der individuellen Lebensgestaltung angemessene Bräuche gefunden werden können.

---

[12] Die These, daß nur derjenige sein Lebensglück findet, der seinen eigenen tiefen Impulsen folgt, ist aber ernst zu nehmen. Vgl. dazu Bertrand Russell, *The Conquest of Happiness* (London, 1930), S. 138 [dt. *Eroberung des Glücks: Neue Wege zu einer besseren Lebensgestaltung* (Frankfurt a.M., 1977), S. 96].

Diese entscheidende These wird explizit von Mill aufgestellt und findet sich oben als Argument 1, mit dem auch Argument 5 zusammenhängt. Von der Gültigkeit dieses Arguments hängt ab, ob Mill denjenigen, die sich Individualität nicht als persönliches Ziel gesetzt haben, deren instrumentellen Wert für die Erreichung ihrer eigenen Zwecke plausibel machen kann.

Bei der Diskussion dieses hochgesteckten Argumentationsziels sollte man im Gedächtnis behalten, daß von seiner Erreichung nicht Mills gesamte Verteidigung der Freiheit abhängt. Mill selbst vertritt den Eigenwert der Freiheit, und seine diesbezüglichen Argumente blieben von einem eventuellen Scheitern seiner weiterreichenden Überzeugungsarbeit unberührt.

Diese eingeschobene Klausel zur richtigen Einschätzung der folgenden Diskussion ist allerdings vielleicht sogar überflüssig; denn es spricht in der Tat sehr viel für die Richtigkeit der These, daß die existierenden Bräuche nur in der Gegenüberstellung mit individuellen Arten der Lebensgestaltung geprüft und gegebenfalls zum Besseren geändert werden können. (Man könnte sogar hinzufügen, daß Gewohnheiten überhaupt erst in ihrem konventionellen Charakter erkannt werden können, wenn sie ihre Selbstverständlichkeit durch ein praktisches Gegenbeispiel verlieren.) Vorausgesetzt werden muß für diese Argumentation lediglich, daß die derzeit herrschenden Sitten nicht die besten überhaupt möglichen sind; und daß sie zumindest noch verbessert werden können, wird wohl nicht einmal derjenige leugnen, der diese Welt für die beste aller möglichen hält (vgl. R 89).

Die verschiedenen Argumente Mills ergeben zusammengenommen die Folgerung, daß Originalität gefördert werden muß, da nur durch sie der Fortschritt der Menschheit möglich wird. Einige Bemerkungen Mills suggerieren sogar, daß jedes einzelne Experiment origineller Lebensgestaltung zur direkten Verbesserung unserer Bräuche beiträgt. Damit überspannt er seine Verteidigung der Individualität vielleicht,[13] und er könnte sich stattdessen gut mit dem

[13] Mill zeigt allerdings – analog zu seiner Verteidigung der Meinungsfreiheit auch für Irrlehren –, daß auch diejenigen Praktiken, die keine Verbesserung gegenüber den etablierten Sitten darstellen, letztlich von positivem Wert sind: nicht nur, weil man sich in dieser Bewertung irren kann, sondern auch, weil sie in jedem Fall zu einem besseren Verständnis des Sinns und Werts unserer Bräuche beitragen. Sie verhindern, daß man im Mechanischen erstarrt und die Gründe für die etablierten Praktiken vergißt (R 89).

Nachweis zufriedengeben, daß – neben scheiternden Versuchen! – auch die positiven Beiträge zur Reform der etablierten Praktiken nur durch weitreichende individuelle Freiheiten möglich werden. Ein Kritiker könnte dagegen allenfalls noch einwenden, daß man überhaupt kein Risiko eingehen und sich lieber mit den üblichen Bräuchen bescheiden sollte, als eine Veränderung zu ermöglichen, die auch zu einer Verschlechterung führen könnte. Mill würde dem wohl mit Recht entgegenhalten, daß eine solche Ängstlichkeit übertrieben ist.

Die radikale Befürwortung des Individualismus durch Mill wird verständlich, wenn man seinen zeitkritischen Blickwinkel berücksichtigt, der ein so düsteres Bild der zeitgenössischen Gesellschaft zeichnet, daß man fast den Verdacht schöpfen muß, Mill lehne die Sitten seiner Zeit generell ab. Dies ist aber nicht unbedingt der Fall: Im geht es nicht darum, den bestehenden Sittenkodex durch einen anderen abzulösen, sondern um die generelle Freiheit, vielfältige alternative Formen der Lebensgestaltung innerhalb einer Gesellschaft entwickeln zu können. Im Gegensatz zu diesem Ideal sieht Mill für Europa die Gefahr einer gefährlichen Erstarrung, die jeden Fortschritt hemmt.

Schlechte Zeiten für die Freiheit

Mills Thesen zur Lage in Europa (und Amerika) klingen sehr düster: Die allgemeine Tendenz geht dahin, überall der Mittelmäßigkeit zur Macht zu verhelfen (R 91). Wenn nicht schon die Masse jedem einzelnen uniforme Maßstäbe aufzwingt, dann gelingt dies selbsternannten „Menschenfreunden", die mit Gewalt die Verbesserung der Sitten – und zwar auf dem Wege, die eigenen Lebensregeln allen anderen aufzuzwingen – erreichen wollen (R 96 u. R 97). Politiker trauen sich kaum noch, dem Willen der Öffentlichkeit zu widerstehen (R 102).[14] Energische Charaktere findet man allenfalls noch im Geschäftswesen (R 96 f). Originelle Charaktere werden nicht nur

[14] Man vergleiche die heutige Situation: Im US-Präsidentschaftswahlkampf – aber wohl nicht nur dort – geschieht es häufig, daß das Wahlprogramm allein auf der Grundlage ausführlicher Meinungsumfragen abgefaßt wird. In der Bundesrepublik Deutschland ist vielleicht die Frage der Einführung der Todesstrafe ein Punkt, bei dem die Parteien noch von einer solchen Vorgehensweise standhaft zurückschrecken.

verunglimpft, sondern laufen auch Gefahr, als Geisteskranke entmündigt und enteignet zu werden (R 95).[15]

Zwar wird nach Mill in Europa zumindest den Genies theoretisch noch das Recht der freien Entfaltung eingeräumt; aber auch die unsichere Basis dieser Freiheit entgeht Mills genauem psychologischen Blick nicht: „Die Leute finden das Genie ganz schön, wenn es jemanden befähigt, ein reizendes Gedicht zu schreiben oder ein Bild zu malen. Aber im eigentlichen Sinne genommen, nämlich als Ursprünglichkeit im Denken und Tun – wenn auch niemand sagt, daß dies nicht zu bewundern sei, so denken sie's doch im stillen fast alle: daß man sehr gut auch ohne das auskommen könne" (R 90).[16]

Eine solche geballte Ladung originalitätsfeindlichen Zeitgeistes kann über kurz oder lang nur negative Auswirkungen auf die Kultur des Abendlandes haben. Zu Abschreckungszwecken kann Mill sogar ein empirisches Beispiel für die nachteiligen Folgen der Erstarrung der Sitten vorweisen.

Der Niedergang des Alten China

Menschlicher Fortschritt ist nur möglich im Kampf der Freiheit gegen die Tyrannei der Gewohnheit.[17] „Im ganzen Osten" (R 98) ist nach Mill diese Gewohnheit oberste Instanz.[18] Im Alten China gab es Talent, Weisheit, gute Sittenregeln und Erziehung der ganzen Bevölkerung (R 99). Trotz all dieser guten Voraussetzungen ist es jedoch nicht zu einem Fortschritt, sondern zum Stillstand gekom-

---

[15] Zur Aktualität dieses speziellen Punkts vgl. Thomas S. Szasz, *Law, Liberty, and Psychiatry: An Inquiry into the Social Uses of Mental Health Practices* (New York, 1963) [dt. *Recht, Freiheit und Psychiatrie* (Wien/München/Zürich, 1978)].

[16] Hinzu kommt, daß es ohnehin schwierig ist, Genies auf der Grundlage des jeweils akzeptierten Wissens als solche zu erkennen: Manche werden wohl nicht einmal von der Nachwelt richtig eingeordnet. Vgl. Stanisław Lem, „Kuno Mlatje: Odysseus aus Ithaka", in: Ders., *Die vollkommene Leere* (Frankfurt a.M., 1981; urspr. polnisch 1971), S. 115-125.

[17] Dabei stellt Mill den Wert der Freiheit sogar über den des Fortschritts: Die Menschen sollen nicht gegen ihren Willen zu irgendeinem „Fortschritt" gezwungen werden (R 97). Nur Barbaren dürfen nach Mill despotisch regiert werden – allerdings nur, wenn sie dadurch zur Zivilisation (und Freiheit) geführt werden (vgl. R 17).

[18] Mill konnte nicht ahnen, wie recht er mit dieser allgemeinen Formulierung haben sollte. Er meint aber im Text tatsächlich nur Asien und speziell China.

men. Dieser beklagenswerte Niedergang – denn als solcher ist für ihn Erstarrung zu werten – ist nach Mill zurückzuführen auf das chinesische Ideal der Gleichmacherei (R 99 u. R 100). Dabei kommt es nicht auf die konkreten Inhalte an: Trotz christlichen Bekenntnisses tendiert Europa dahin, ein zweites China zu werden (R 100).

Nach Mill sind bestimmte selbsternannte Menschenfreunde auf dem besten Weg, auch den Niedergang der englischen Nation herbeizuführen, indem sie das gesamte Denken und Handeln in bestimmte Kanäle lenken wollen. In Frankreich ist die fortschreitende Angleichung aller Menschen nach Mill schon deutlich abzusehen, und es bedarf energischer Gegenmittel, den zu erwartenden Niedergang der Kultur zu verhindern.

Die Ursache des Niedergangs: Mangelnde Vielfalt

Im Rückgriff auf Wilhelm von Humboldt betont Mill den positiven Einfluß von „Freiheit und Mannigfaltigkeit der äußeren Umstände" (R 101). Nur durch die „bemerkenswerte Verschiedenheit an Charakter und Kultur" (R 100) blieb Europa bislang von einer Stagnation, die wie in China jede Fortentwicklung der Kultur unmöglich gemacht hätte, verschont. In verschiedenen Bereichen gab es bislang Vielfalt, an deren Stelle immer mehr Uniformität tritt (R 101):

1. Früher gab es eine Vielfalt der Ränge, Nachbarschaften, Gewerbe und Berufe, die in „verschiedenen Welten" lebten.
2. Heute lesen, hören, sehen alle dasselbe und gehen an dieselben Orte.
3. Die allgemeine Erziehung trägt dazu bei, die Menschen unter den Einfluß der Gesamtgesellschaft zu bringen.
4. Die Verbesserung der Verkehrsmittel und die Zunahme des Handels bringt die Menschen aller Gegenden einander näher (wodurch die Entwicklung eigentümlicher Charaktere und Kulturen erschwert wird).

Toleranz gibt es nur in einem derart eingeschränkten Maße, daß die Möglichkeit wirklicher Individualität nicht gewährleistet ist. Selbst Steckenpferde sind nur dann gesellschaftlich akzeptiert, wenn sie von einem größeren Teil der Bevölkerung geritten werden; also etwa „Rudern, Rauchen, Musizieren, Turnen, Schach- oder Kartenspielen" (R 94). Wenn ein Mensch aber etwas tut, was sonst niemand tut (oder unterläßt, was sonst alle tun), wird er/sie direkt Gegenstand allgemeiner Kritik – wobei eigenwillige *Frauen* besonders schnell angegriffen werden (R 94).

Selbst die Veränderung der Bräuche, zu der es noch kommt, ist der Individualität nicht zuträglich: Die *Moden* kommen und gehen, und immer wird eine Mode von *allen gleichzeitig* aufgenommen und wieder abgelegt. Von einer *vernünftigen* Entwicklung kann dabei ohnehin nicht die Rede sein: Schönheit und Zweckmäßigkeit haben keinen Einfluß auf sie (R 98).

Nicht alle aufgeführten Punkte Mills sind allerdings unproblematisch: Nicht jede Tendenz zur Abnahme von Vielfalt ist zu verurteilen. So zeigte Mill ja selbst in seinem Kapitel zur Meinungsfreiheit, daß mit einem Zuwachs gesicherten Wissens zu rechnen ist (R 61); und auch er ist der Meinung, daß durch öffentlich garantierte Erziehung wissenschaftliches Grundwissen vermittelt werden sollte (vgl. R 146 f).[19] Mill sollte hier deutlicher unterscheiden zwischen Fragen, die eine eindeutige Antwort erlauben, so daß Vielfalt kein Endzustand sein kann, und Fragen oder besser Problemen, die auf verschiedene Arten gelöst werden können, wobei eine Vielfalt von Lösungen durchaus von positivem – ästhetischen, ökonomischen oder anderen – Wert sein kann. An einem einfachen Beispiel illustriert: Es muß im Straßenverkehr eine Vorschrift darüber geben, auf welcher Seite der Straße gefahren wird. *Wie* diese Konvention konkret aussieht – Rechts- oder Linksverkehr –, ist theoretisch gleichgültig; nur *daß* eine Konvention etabliert sein muß, ist klar. Übertragen bedeutet das, daß die grundlegenden Probleme sozialer Organisation durch unterschiedliche Regelsysteme gelöst werden können.[20] Im Sinne Mills könnte man hier die Monogamie der Christen in Europa und die Polygamie der Mormonen in Utah als Beispiele anführen (vgl. R 126 f).

Ein Teil von Mills Erörterungen ließe sich vielleicht zusammenfassen durch die Formel „Einheit der Vernunft, Vielheit der Kulturen;" aber sein liberalistisches Programm wäre damit nicht vollständig wiedergegeben. Am wichtigsten ist ihm nämlich die Freiheit mannigfaltiger Formen der Lebensgestaltung innerhalb *einer* Kul-

---

[19] Allerdings wird man anerkennen müssen, daß die positiv zu bewertende allgemeine Erziehung vielleicht unvermeidlich Nebeneffekte mit sich bringt – etwa die von Mill angesprochene Uniformität –, die an sich keinen positiven Wert darstellen. Vgl. dazu unten die Diskussion von Mills vorgeschlagenen Gegenmaßnahmen (R 144 f).

[20] Zu diesem Thema vgl. aus anthropologischer Sicht: Ruth Benedict, *Patterns of Culture* (Boston, 1959; urspr. 1934) [dt. *Urformen der Kultur* (Hamburg, 1955)].

tur, und zwar nicht nur für Subkulturen, sondern auch für das einzelne Individuum. Mit Individualismus und Originalität ist unsere gegenwärtige Gesellschaft wohl ebensowenig gesegnet wie diejenige Mills. Gerade bei seinen zeitkritischen Äußerungen sind die aktuellen Parallelen zu den beschriebenen Phänomenen kaum zu übersehen, zumal sie sich teilweise sogar verstärkt haben.[21] Deshalb sollte man auch für unsere Zeit die von Mill empfohlene Radikalkur erwägen.

Der Weg zur Vielfalt: Exzentrizität

Nach Mill ist die Lage so ernst, daß sofortiger Widerstand gegen die zunehmende Gleichförmigkeit angebracht ist. Sonst kann es passieren, daß bald jede Abweichung von der öffentlichen Meinung oder etablierten Traditionen „als gottlos, unmoralisch, ja sogar monströs und widernatürlich" angesehen wird (R 102). Die angemessene Form des Widerstands ist nach Mill *Exzentrizität.* Unter den heutigen Bedingungen „ist schon das bloße Beispiel des Nichtübereinstimmens, die bloße Weigerung, vor dem Brauch in die Knie zu sinken, in sich ein Verdienst. Gerade weil die Tyrannei der öffentlichen Meinung so stark ist, daß das Exzentrische einem zum Vorwurf gemacht wird, ist es erwünscht, daß man exzentrisch ist, um diese Tyrannei zu durchbrechen" (R 92 f).

Mill erkennt selbst, daß bei einer exzentrischen Lebensgestaltung die Gefahr besteht, als Verrückter im klinischen Sinne abgestempelt zu werden – was allerlei unerfreuliche Konsequenzen für den Betroffenen nach sich ziehen kann. Wie wir aber schon bei dem Kapitel zur Meinungsfreiheit sahen, lehnt Mill ein solches Märtyrertum ab – besonders, wenn andere darüber entscheiden, ob ein Individuum geopfert wird (vgl. R 39 f).

---

[21] In Osteuropa sind diese Gefahren vielleicht besonders deutlich: So scheint Polen zu schwanken zwischen einem Staat, der den Marxismus-Leninismus durchsetzen will, und einem Staat, der den Katholizismus durchsetzen will. Die Freiheit des Individuums bleibt dabei auf der Strecke, denn sie ist mit jeder Staatsreligion unvereinbar. Auch im Westen gibt es Indizien für eine – ohne Mitwirkung staatlicher Zwangsmaßnahmen – fortschreitende Uniformität, wie sie etwa durch Funk, Fernsehen und Flugreisen gefördert wird: McDonald's, Stock/Aitken/Waterman und Bridge breiten sich überall aus. Nach Hermann Lübbe machen auch die reisenden Wissenschaftler keine neuen Erfahrungen mehr: Alle Flugzeuge und Hotels (und vielleicht auch die Kongresse!?) sind gleich.

Es gibt aber eine einigermaßen gefahrlose Hintertür, die auch heute noch offensteht. Wie Mill schreibt: „Man muß schon einen Titel oder ein anderes Zeichen seines Ranges besitzen oder bei Leuten von Rang etwas gelten, um sich den Luxus, zu tun, was einem paßt, einigermaßen leisten zu können, ohne an Wertschätzung zu verlieren" (R 95). Dieses in kritischer Absicht geäußerte Urteil läßt sich nämlich positiv wenden in eine Aufforderung an diejenigen, die sich in der beschriebenen Situation befinden und sich daher Exzentrizität leisten sollten – zum Wohle der Menschheit![22] Da aber Adlige heute nicht die hierfür notwendige Achtung genießen, wäre diese Forderung eher an Akademiker zu richten: Die Thesen und Praktiken von jemandem, der zumindest einen Doktortitel besitzt, lassen sich nicht mehr leichthin als krankhaft beiseite schieben. Der einzige Grund zur Sorge besteht hier darin, daß die Doctores im Laufe ihrer Ausbildung vielleicht schon so weit „sozialisiert" wurden, daß von ihnen nichts Originelles mehr zu erwarten ist.

[22] Für den einzelnen ist es allerdings vielleicht leichter, der Öffentlichkeit gleichmütig statt provokativ gegenüber zu treten und sich einen Freundeskreis zu suchen, in dem seine Ansichten geteilt werden. Vgl. Bertrand Russell, *The Conquest of Happiness,* S. 136 f [dt. S. 94 f].

5. Zu Mills Kapitel „Über die Grenzen der Autorität der Gesellschaft über das Individuum"

Die zwei Hauptthesen von Mills Kapitel zur Individualität lassen sich folgendermaßen zusammenfassen: Menschen sind keine Schafe, und Monokulturen sind degenerationsanfällig (vgl. R 93 u. R 94). Die Menschen unterscheiden sich, so daß jeder die Art der Lebensgestaltung finden muß, die seinem Charakter am besten entspricht. Gesellschaftlicher Fortschritt ist am besten möglich in einer Kultur mit einer Vielfalt origineller Charaktere.

Mill widmet sich auf dieser Grundlage der Frage, wo die Grenze der Ausübung individueller Freiheiten gegenüber staatlicher Autorität – die nach Mill ihrerseits berechtigte Ansprüche der Gesamtgesellschaft durchsetzen muß – liegen sollte. Dabei geht er grundsätzlich wieder vom Schadensprinzip aus, wie es in seinem rechtsliberalistischen Programm niedergelegt ist (vgl. R 16 f). In seiner Anwendung auf die jetzt zu behandelnde Frage leitet sich daraus ein anderes Grundprinzip Mills ab.

Mills Grundprinzip zum Verhältnis von Individuum und Staat: Die Privatsphäre geht niemanden etwas an. (R 103)

Dieses Grundprinzip läßt sich auch salopper formulieren mit einem – charakteristischerweise *englischen* – Sprichwort: „My home is my castle!" Der Rechtsliberalismus muß bestehen auf der Unterscheidungsmöglichkeit zwischen einem Bereich öffentlicher Angelegenheiten und einem privaten Bereich, der von der staatlichen Einflußsphäre ausgenommen sein soll. Mill muß zu diesem Zweck zwei Dinge zeigen: Einerseits muß er nachweisen, daß die Unterscheidung sinnvoll möglich *ist;* und andererseits muß er plausibel machen, daß ein abgrenzbarer privater Bereich der Freiheit des Individuums überlassen bleiben *sollte.*

Aus dieser doppelten Aufgabenstellung ergibt sich Mills unterschiedliche Vorgehensweise im ersten und zweiten Teil des jetzt zu besprechenden Kapitels: Zunächst verteidigt er in theoretischen Erörterungen die Unterscheidung zwischen dem Privaten und dem Öffentlichen gegen seine Kritiker. Nachdem dies gelungen ist, führt er sieben sorgfältig aufeinander aufbauende Beispiele an, die auch Skeptiker von dem Wert der Respektierung der individuellen Privatsphäre überzeugen sollen.

Mill legt großen Wert darauf, Mißverständnisse auszuräumen, die zur übereilten Zurückweisung seines radikalen Liberalismus führen könnten. Als Gegengewicht zur Verherrlichung der Individualität im vorhergehenden Kapitel weist er hier zunächst ausdrücklich auf die begründete Autorität des Staates - jedenfalls in einem bestimmten Bereich - über das Individuum hin. Zu diesem Zweck erwähnt Mill kurz einige Theorien zur Rechtfertigung staatlicher Autorität.[1]

Eine Theorie zur Rechtfertigung staatlicher Autorität: Die Theorie eines grundlegenden Gesellschaftsvertrags

Mill scheint zwar die Theorie eines Gesellschaftsvertrags abzulehnen (R 103); aber eine genaue Analyse zeigt, daß er selbst einige Elemente dieser Theorie aufnimmt. Dies wird allerdings erst deutlich, wenn man mehrere Varianten dieser Theorie unterscheidet:[2]

1. Die Theorie eines ursprünglichen, expliziten Gesellschaftsvertrags. Danach bestehen soziale Verpflichtungen des einzelnen, weil ein entsprechender Vertrag zwischen allen Mitgliedern einer Gesellschaft besteht. Mill bemerkt zu dieser Theorie nur kurz, daß ihre Voraussetzung nicht gegeben ist. Dem ist zuzustimmen: *Faktisch* ist kein ursprünglicher Vertrag nachweisbar; und *normativ* wäre ein solcher Vertrag einer früheren Generation nicht bindend. Außerdem haben auch die Mitglieder der jeweils gerade existierenden Gesellschaft keinen expliziten Vertrag abgeschlossen. Dazu fehlt nämlich schon die Voraussetzung: Wie Hume prägnant ausführt, kommen bei den Menschen nicht wie bei den Seidenraupen und Schmetterlingen ganze Generationen schlagartig zur Welt.[3]

[1] Man könnte allerdings noch radikaler fragen, *ob* (statt *wie*) es überhaupt gerechtfertigte staatliche Autorität geben kann. Vgl. Robert Paul Wolff, *In Defense of Anarchism* (New York/London, 1970) [dt. *Eine Verteidigung des Anarchismus* (Wetzlar, 1979)].

[2] Zum Folgenden vgl. David Gauthier, „David Hume, Contractarian", *The Philosophical Review* 88 (1979), S. 11 ff.

[3] Vgl. David Hume, „Of the Original Contract" (1748), in: Ders., *Essays: Moral, Political, and Literary,* hrsg. v. Eugene F. Miller (Indianapolis, 1985), S. 476 [dt. „Über den ursprünglichen Vertrag", in: Ders., *Politische und ökonomische Essays,* hrsg. v. Udo Bermbach (Hamburg, 1988), Teilband 2, S. 312 f].

2. Die Theorie eines „erfundenen“ Gesellschaftsvertrags (vgl. R 103). Mill drückt sich hier zweideutig aus. Hinter dem Begriff eines „erfundenen“ Gesellschaftsvertrags können sich nämlich zwei unterschiedliche Konzepte verbergen.

2. a) Die Theorie eines hypothetischen Gesellschaftsvertrags. Dieses Konzept ist eigentlich erst mit John Rawls' Theorie der Gerechtigkeit populär geworden, nach der Prinzipien auf ihre Gerechtigkeit geprüft werden können, indem man sich in einem Gedankenexperiment fragt, ob sie unter bestimmten idealen, genau zu spezifizierenden Bedingungen allgemein zustimmungsfähig wären. Zwar sind zentrale Elemente dieser wichtigen Theorie schon bei früheren Theoretikern eines „moral point of view“ zu finden – und vielleicht sogar bei Mill selbst.[4] Mills Kritik der Theorie eines „erfundenen“ Gesellschaftsvertrags bezieht sich wohl eher auf eine zweite Interpretation dieser Variante.

2. b) Die Theorie eines stillschweigenden Gesellschaftsvertrags. Danach kann man aus der Tatsache, daß die in einem Staatsgebiet lebenden Menschen ihr Land trivialerweise nicht verlassen haben, auf ihre Zustimmung zu den durch das Gemeinwesen auferlegten Pflichten schließen. Mill bezeichnet diese Theorie ebenfalls als „nicht zweckmäßig“ (R 103). Weiter unten verteidigt er aber das Recht der Mormonen auf ihre spezifischen sozialen Institutionen u.a. mit dem Hinweis, daß alle unter ihnen, die mit dieser Lebensweise unzufrieden sind, das Land der Mormonen verlassen können (vgl. R 127). Wenn er damit suggeriert, daß deshalb das Gemeinwesen der Mormonen das Recht hat, eine bestimmte Lebensweise allen Bewohnern des Staatsgebiets aufzuzwingen, fällt er damit doch wieder auf die Theorie eines stillschweigenden Gesellschaftsvertrags zurück. Mill müßte sich hier wohl dadurch retten, daß er das Recht der Mormonen auf eine eigene Lebensweise nur insoweit verteidigt, daß ihre reli-

---

[4] Rawls bezieht sich u.a. auf Hume und Kant. Vgl. sein Buch *A Theory of Justice,* S. 32 f [dt. S. 51 f], sowie seinen Aufsatz „Kantian Constructivism in Moral Theory“, *The Journal of Philosophy* 77 (1980), S. 515-572. Zu Analogien zwischen Humes Theorie eines Standpunkts der Moral und Rawls' Theorie eines hypothetischen Gesellschaftsvertrags vgl. Bernd Gräfrath, *„Moral Sense“ und praktische Vernunft,* Kapitel „Hume und Rawls.“ Zu programmatischen Ähnlichkeiten von Mill und Rawls vgl. D.A. Lloyd-Thomas, „Liberalism and Utilitarianism.“

gionsspezifischen Praktiken (wie z. B. Polygamie) erlaubt sein sollten – ohne damit den weitergehenden Anspruch der Mormonen zu verteidigen, eine bestimmte Praxis allen Gesellschaftsmitgliedern aufzwingen zu dürfen. Diese weniger weitreichende Verteidigung ist wohl nicht auf eine Gesellschaftsvertragstheorie angewiesen. In ihrer „stillschweigenden" Variante ist diese Theorie jedenfalls, wie schon Hume zeigte, ohnehin inakzeptabel: Die Behauptung, ein armer Bauer oder Handwerker, der keine fremden Sprachen und Sitten kennt, hätte die freie Wahl, sein Land zu verlassen, wenn ihm die Herrschaft nicht gefällt, ist genauso unplausibel wie die Behauptung, ein Mensch, der schlafend an Bord eines Schiffes geschleppt wurde, erkenne schon durch die Tatsache, daß er an Bord bleibt, statt in den Ozean zu springen, aus freien Stücken die Legitimität der Herrschaft des Kapitäns an.[5]

Mill geht demgegenüber von einer anderen Grundlage zur Rechtfertigung staatlicher Autorität aus.

Mills These: Wer den Schutz der Gemeinschaft genießt, schuldet Dank. (R 103)

Diese These genügt wahrscheinlich ebensowenig wie die verschiedenen Varianten der Gesellschaftsvertragstheorie (außer Rawls' hypothetisch-idealem Modell) den gestellten Anforderungen: Wenn sich aus erfahrenen Wohltaten Moral- oder gar Rechtspflichten ergeben, dann vielleicht allenfalls in der Form, daß man ehemaligen Wohltätern helfen sollte, wenn sie in Not geraten.[6] Da jedoch das komplexe Problem der Begründung der moralischen Pflicht zum Rechtsgehorsam eher ein Nebenzweig von Mills Theorie bildet und seine Hauptthemen unabhängig davon behandelt werden können, soll nun auf Mills weitere Argumentation eingegangen werden.

Zwei Hauptpflichten des Individuums gegenüber der Gesellschaft/ Wie weit darf es „positive" Pflichten des Individuums geben?

Die erste Hauptpflicht ist niedergelegt in Mills altbekanntem Schadensprinzip. Interessanter, aber auch problematischer ist die zweite

[5] Vgl. David Hume, „Of the Original Contract", S. 475 [dt. S. 311].

[6] Zur Tragweite des Dankbarkeitsarguments sowie zu anderen Begründungsmodellen zur Rechtfertigung der Pflicht zum Rechtsgehorsam vgl. Joel Feinberg, „Civil Disobedience in the Modern World", *Humanities in Society* 2 (Winter 1979), S. 37-59.

Hauptpflicht: Jeder soll (durch Umlage) seinen Teil zu den der Gemeinschaft entstehenden Kosten beitragen (R 103). Eng ausgelegt ist dieses Prinzip tatsächlich unkontrovers: Selbst Befürworter eines Minimalstaates (wie Nozick) verteidigen die notwendige Unterstützung des Staates durch den einzelnen zur Verteidigung gegen äußere Angriffe wie auch zur Sicherung des inneren Friedens. Extreme Anhänger eines Minimalstaats lehnen praktisch jede darüber hinausgehende Aufgabenzuweisung an den Staat – vielleicht bis auf die organisierte Postzustellung – ab: Jede Besteuerung für weitergehende Projekte wäre danach Diebstahl. Mills einleitende Äußerungen (vgl. R 16) lassen aber vermuten, daß er auch weitergehende Zwangsmaßnahmen des Staates zur Durchführung von Projekten, die im Interesse der Gemeinschaft liegen, befürwortet. So spricht er sich indirekt für eine Einmischung der Regierung in die Interessen aller Mitglieder der Gesellschaft aus, um Abhilfe für soziales Elend zu schaffen (R 16). Damit geht Mill von negativen zu positiven Aufgaben des Staates über: Die Regierung soll nicht nur die Privatsphäre jedes Individuums gegen äußere Eingriffe schützen bzw. sich selbst dieser enthalten, sondern sie soll auch positiv die Durchführung bestimmter Handlungen erzwingen. Einen ähnlichen Übergang gab es schon bezüglich der Problematik einer Gesetzgebung über „gutes Samaritertum" (vgl. R 18 f). Hier wie dort ist ein rechtsliberalistisches Programm grundsätzlich sowohl mit der Unterstützung als auch der Ablehnung eines über den negativen Aspekt hinausgehenden Konzepts vereinbar. Allerdings sollte man auch die Gefahren beider Positionen sehen, wenn sie ins Extrem getrieben werden: Mill zeigt, daß bestimmte soziale Bedingungen gesichert sein müssen, damit sinnvoll von der Freiheit eines Individuums gesprochen werden kann, seine Meinung zu äußern und sein Leben seinem eigenen Charakter entsprechend zu gestalten (vgl. R 45). Auf der anderen Seite kann aber auch eine allzu starke Betonung der gesamtgesellschaftlichen Verantwortung jedes einzelnen eine allzu starke Einschränkung der individuellen Freiheit bilden: Zum Beispiel wird man kaum von einem leistungsstarken Schwimmer verlangen können, nie ins Kino zu gehen, sondern stattdessen seine gesamte Freizeit im Dienste der DLRG zu verbringen – selbst wenn sicher wäre, daß durch einen solchen Zwang mancher Mensch gerettet werden könnte, der sonst ertrinken würde.

Hier seien nur zwei Kriterien genannt, die zeigen, daß eine vernünftige Grenzziehung zwischen gesamtgesellschaftlichen Projekten, die jedes Individuum gerechtfertigt zur Unterstützung von bestimmten Gemeinschaftsaufgaben zwingen, und solchen, die über diesen Rahmen hinausgehen, möglich ist. Eine Möglichkeit geht dahin, dem Staat die Aufgabe zu übertragen (und durch alle gemeinsam zu finanzieren), ein bestimmtes Minimalniveau an Lebensstandard für jeden zu garantieren: Wenn dieses Niveau gesichert ist, dürften dann keine weiteren Beiträge von anderen Individuen gefordert werden. Eine andere Möglichkeit besteht darin, diejenigen Projekte zuzulassen und staatlicherseits durch Zwangsmaßnahmen (Steuern) unter allgemeiner (finanzieller) Beteiligung durchzusetzen, die im begründeten Interesse der übergroßen Mehrheit der Bevölkerung liegen und dabei nur für alle Gesellschaftsmitglieder gleichermaßen oder gar nicht durchgeführt werden können. Hier ist beispielsweise an die Aufbereitung des Trinkwassers zu denken. Selbst wenn einzelne Individuen gewillt wären, ungefiltertes Trinkwasser zu erhalten, müßten sie trotzdem ihr Wassergeld genau wie diejenigen bezahlen, die Wert auf gesundheitlich unbedenkliches Trinkwasser legen. Allerdings führt dieses zweite Kriterium zur Abgrenzung der berechtigten von den unberechtigten Eingriffen des Staates nicht durch einfache Regelanwendung für alle Fälle zu einer einfachen Lösung: Es ist Urteilskraft nötig, um zu entscheiden, was jeweils als „übergroße Mehrheit“ und als „begründetes Interesse“ zu zählen hat. Außerdem ist in jedem Einzelfall genau zu prüfen, ob nicht eine Möglichkeit besteht, daß einzelne Individuen unabhängig von und unbeteiligt an Gemeinschaftsprojekten bleiben können, die sie ablehnen. Die allgemeine Rentenpflichtversicherung ist hier ein gutes Beispiel: Selbständige (!) müssen nicht in sie einzahlen.

Ausweitung der Freiheit über das bloße Schadensprinzip hinaus: „Volenti non fit iniuria“

Dieser alte Rechtsgrundsatz – der aber durchaus nicht allgemein für alle Tatbestände akzeptiert ist – bildet eine Ausweitung der Freiheit der Lebensgestaltung eines jeden Individuums auf den Bereich der Freiheit einer *Gruppe* von Individuen, die nach dem liberalistischen Programm ungestraft einander gegenseitig „schädigen“ dürfen, wenn dies der wohlerwogene Wille aller Beteiligten ist. In diesem Sinne bildet also sogar das allgemein formulierte Schadensprinzip schon eine allzu weitgehende Einschränkung der Freiheit im Sinne des Liberalisten. Bei Mill ist der zitierte Rechtsgrundsatz folgendermaßen formuliert: „Dagegen sollte man die Frage [des entstehenden Schadens] nicht erörtern, wenn die Handlung nur die

Interessen des Betreffenden selbst angeht oder die anderer mit ihrem Willen (vorausgesetzt, alle Betreffenden seien volljährig und im Besitz ihres Verstandes)" (R 104). Ein Beispiel bildet die Polygamie der Mormonen: Die Eheschließung erfolgt bei allen Beteiligten aus freiem Willen (vgl. R 127).

Mill besteht darauf, daß es unter den angegebenen Bedingungen die Privatsache der Beteiligten ist, in welchen Praktiken sie sich engagieren. Dies wird natürlich von Rechtsmoralisten und Rechtspaternalisten vehement bestritten – von den einen, weil bestimmte Handlungen strafrechtlich verfolgt werden sollten, ganz unabhängig davon, ob sie irgend jemandem Schaden zufügen; und von den anderen, weil jeder einzelne in jedem Fall vor Schaden geschützt werden muß, ganz unabhängig davon, welche Willensentscheidungen vorliegen. Dieser Streitpunkt wurde nach dem Zweiten Weltkrieg insbesondere im Zusammenhang mit der Diskussion über die Strafwürdigkeit der Homosexualität aktuell. Der Rechtsgrundsatz betrifft aber natürlich auch ganz andere Streitfragen, z. B. das Problem, wie „Töten auf Verlangen" strafrechtlich bewertet werden sollte.[7] Die möglichen Argumente gegen die scharfe Grenzziehung zwischen privaten und öffentlichen Angelegenheiten werden von Mill selbst aufgeführt und entkräftet. Bevor er aber dieses zentrale Thema behandelt, geht er noch auf ein anderes Thema ein, von dem man vielleicht annehmen könnte, daß sein radikaler Liberalismus Schwierigkeiten mit ihm hat.

Vernachlässigt Mill die Pflichten eines Individuums gegen andere und gegen sich selbst?

Ein Kritiker Mills könnte argumentieren, daß sein Liberalismus „selbstsüchtige Gleichgültigkeit" (R 104) predigt, weil nach seiner Theorie der Staat Individuen nicht vor dem Schaden bewahren soll, den sie sich möglicherweise selbst zufügen, und weil nach Mill Individuen auch nicht seitens des Staates dazu gezwungen werden sollten, das Beste aus ihrem Leben zu machen.

[7] Vgl. dazu schon Wilhelm von Humboldt, *Ideen zu einem Versuch, die Grenzen der Wirksamkeit des Staats zu bestimmen,* S. 154. Humboldt kommt zu dem Schluß, daß Töten auf Verlangen zwar grundsätzlich nicht in den Bereich des Strafrechts fallen sollte, aber dennoch nicht erlaubt werden sollte, weil die Mißbrauchmöglichkeiten zu groß sind.

Mills logische Entgegnung:

Mills hauptsächliche – und auch stärkste – Entgegnung läßt sich reduzieren auf die *Unterscheidung zwischen moralischen Pflichten und Rechtspflichten:*[8] Es ist eine wichtige Frage, ob ein bestimmtes Verhalten vom Standpunkt der Moral aus positiv oder negativ bewertet werden muß; aber es ist eine andere Frage, ob es moralisch auch geboten ist, lasterhaftes Verhalten strafrechtlich zu verfolgen (selbst wenn ansonsten niemand Schaden durch ein solches Verhalten erleidet). Im Sinne Mills könnte man dies folgendermaßen verdeutlichen: Selbst wenn Konsens darüber herrscht, daß es moralisch zu verurteilen ist, wenn ein hochtalentierter Student die gesamte Unterstützung seitens seiner Eltern dazu verwendet, den ganzen Tag über betrunken zu sein, ist es doch immer noch eine offene Frage, ob es moralisch zu rechtfertigen ist, die Unterlassung eines solchen Verhaltens durch das Strafrecht zu erzwingen.

Aufgrund dieser Unterscheidung ist es Mill sehr wohl möglich, einerseits die Bedeutung sozialer Pflichten und von Pflichten des Individuums gegen sich selbst (beides im moralischen Sinne verstanden) anzuerkennen, andererseits aber den Rechtsmoralismus und Rechtspaternalismus abzulehnen. Mills Theorie ist also in diesem Punkt nicht inkonsistent, und sie widerspricht auch nicht der allgemeinen Überzeugung, daß es moralische Pflichten des Individuums gegen sich selbst gibt. Mill spricht sich zwar für die positive Einflußnahme auf andere aus; aber eben nicht mit „Peitsche und Geißel", sondern durch „Überzeugung und Überredung" (R 104) – und dies gilt sowohl für den Umgang unter Erwachsenen als auch für die Erziehung Jugendlicher. Die Rechfertigung des Mittels der Überredung ist allerdings etwas irreführend. Mills generelle Linie betont eher, daß *Argumentation und Begründung* die akzeptablen Mittel der Einflußnahme sind. Bloße Überredung steht nicht der Überzeugung, sondern der Zwangausübung nahe. Überredung spielt nur insofern eine akzeptable Rolle, als durch logische Untersuchungen allein im Normalfall keine Änderung der Lebenseinstellung bewirkt werden kann. Hier müssen Plausibilitätsbetrachtungen angestellt werden, die an die Einsicht des einzelnen appellieren müssen, ohne logisch zwingend zu sein.

Mill gibt sich nicht damit zufrieden, die Einwände des Rechtspaternalisten gegen den Liberalismus zu entkräften: Er weist auch auf

---

[8] H.L.A. Hart macht diese theoretische Unterscheidung besonders deutlich. Siehe sein *Law, Liberty, and Morality,* S. 20.

interne Probleme der alternativen Theorie hin. Seine diesbezüglichen Argumente sind nicht so stark wie die obige logische Entgegnung. Aber seine Gesamttheorie hängt nicht davon ab und wird also nicht schwächer dadurch, daß diese Zusatzargumente nicht durchschlagend sind.

Empirische Probleme des Rechtspaternalismus:

Mills Zusatzstrategie baut auf der Behauptung auf, daß die Gesellschaft gar nicht besser als das Individuum weiß, was gut für es ist. Die Gesellschaft müßte sich bei ihrer Einflußnahme auf allgemeine Prinzipien stützen, und die können nach Mill falsch sein. Außerdem könnte nicht garantiert werden, daß allgemeine Prinzipien, selbst wenn sie richtig sind, auch richtig auf den Einzelfall angewandt werden (R 105).

Bei diesem Argument Mills treten dieselben Probleme auf wie bei allen anderen empirischen Hypothesen, die philosophische Theorien stützen sollen: Wenn sie wahr sind, sind sie sehr stark; aber leider beruhen sie auf kontingenten Erwägungen, auf die sich keine allgemeinen Prinzipien bauen lassen. Für den vorliegenden Fall heißt das, Mill sollte seine Ablehnung des Rechtspaternalismus nicht von der Richtigkeit der These abhängig machen, daß es kein hinreichend sicheres Wissen darüber gibt oder überhaupt geben kann, was gut für einen Menschen ist: Das wäre eine allzu unsichere Basis.

Nach einer etwas langatmigen Rechtfertigung der Einflußnahme auf die Lebensführung von Individuen durch außerrechtliche Mittel (R 106 – R 110) kommt Mill zu einem interessanten Einwand gegen seine Position, der auch in der Gegenwart noch von manchen Kritikern Mills vorgebracht wird.

Einwand eines Kritikers: Auch „private" Laster schädigen letztlich die gesamte Gemeinschaft.

Ein solcher Kritiker geht aus von der These: „Niemand ist eine Insel" – was ja grundsätzlich auch gar nicht zu bestreiten ist, weder im wörtlichen noch im übertragenen Sinn. Problematisch wird es erst, wenn der Kritiker aus dieser Einsicht die generelle Unhaltbarkeit der Unterscheidung zwischen einem privaten und einem öffentlichen Bereich ableiten will. Seiner Ansicht nach schädigt ein Individuum durch seine „Laster und Torheiten" entweder seine Mitmenschen direkt oder doch zumindest indirekt durch sein schlechtes Beispiel (das andere zur Abkehr vom rechten Weg verführen könnte) (R 110). Daraus könnte man ableiten, daß zur Verhinderung solcher Untaten eine „wirkungsvolle Überwachung gegen diese Laster" durch die Öffentlichkeit organisiert werden muß (R 111).

Dieses an Orwells „1984" erinnernde Bild wird von Mill natürlich überspitzt gezeichnet. Aber die theoretische Voraussetzung einer solchen Utopie wird tatsächlich von einigen Rechtsphilosophen vertreten. Diese sprechen allerdings in der Regel nicht so offen wie Mill aus, welche weitreichenden Kompetenzen der Strafverfolgungsbehörden aus solchen Voraussetzungen abgeleitet werden müßten: Mill spricht weiter unten treffend von einer „moralische[n] Polizei" (R 117), die das gesamte Privatleben der Bevölkerung bis in die Schlafzimmer hinein überwachen müßte. Charakteristisch für die Argumentation der Anhänger dieser Rechtsprinzipien ist dabei, daß Forderungen, die traditionell dem Arsenal der Rechtsmoralisten und Rechtspaternalisten entstammen, durch die Bezugnahme auf Mills eigenes Schadensprinzip gestützt werden sollen: Wenn die Abgrenzung einer Privatsphäre nicht sinnvoll zu leisten ist, dann ist jede individuelle „Verfehlung" ein Angriff auf die Gesamtgesellschaft – und sei es auch nur dadurch, daß diese Verfehlung ein unzumutbares Ärgernis darstellt.

Patrick Devlin argumentiert entsprechend, daß die akzeptierten Sitten eines Landes als Teil des Rechts angesehen werden müssen, weil sie quasi das Fundament der Rechtsordnung bilden. Wenn die Einhaltung der Sitten nicht durch staatliche Maßnahmen sichergestellt wird, dann zerfällt nach Devlin die Gesamtgesellschaft. Jedes Abweichen von den etablierten Sitten einer Gesellschaft muß danach als Angriff auf die Existenzgrundlage des Staates angesehen und entsprechend verfolgt werden.[9]

Mill hat verschiedene Antworten auf diese Argumentationsstrategie.

Mills erste Entgegnung: Manche Arten der individuellen Lebensgestaltung haben tatsächlich Auswirkungen auf andere und sollten entsprechend zum Geltungsbereich des Rechts gehören.

Mill stellt mit seiner ersten Entgegnung klar, daß sein Liberalismus die sozialen Beziehungen und Verpflichtungen des Individuums keineswegs ignoriert. So weist er darauf hin, daß z. B. Verpflichtungen aus der Entscheidung erwachsen, eine Familie zu gründen.

[9] Vgl. Patrick Devlin, *The Enforcement of Morals,* S. 10, S. 11 u. S. 25.

Wenn also ein Familienvater seinen gesamten Lohn vertrinkt, ist das sehr wohl eine Sache, die den Staat angeht. Entscheidend ist aber die Begründung für einen staatlichen Eingriff: Er geschieht „nicht seiner Ausschweifungen wegen, sondern wegen der Pflichtverletzung gegen seine Familie oder seine Gläubiger" (R 112). Ähnliche Sonderpflichten liegen bei Soldaten und Polizisten vor, die im Falle der Trunkenheit im Dienst bestraft werden sollten (R 113). Mills Begründung beruft sich allein auf das Schadensprinzip, und eine weitergehende Bezugnahme auf paternalistische Prinzipien ist für die behandelten Fälle nicht notwendig. Mill kann konsistent daran festhalten, daß niemand allein deswegen bestraft werden sollte, weil er betrunken ist (R 113).

Um einen für die Praxis relevanten Unterschied zwischen Liberalismus und Paternalismus sicherzustellen, muß Mill in Ergänzung zu seiner ersten Entgegnung darauf bestehen, daß keineswegs alle Handlungen eines Individuums in so weitreichendem Maße andere betreffen, daß alles, was nach dem Liberalismus zur Privatsphäre gehört, zum Anwendungsbereich des Rechts gehören müßte. Aber auch dies wird von Mills Kritiker bestritten.

Mills zweite Entgegnung: Die These, daß jedes private Laster letztlich die Gemeinschaft schädigt, ist unglaubwürdig. (R 113)

Mills zweite Entgegnung läßt sich auf zwei verschiedene Weisen interpretieren, die beide von Mill intendiert sind (jedoch nicht unbedingt gleich durchschlagend sind):

1. Einmal sagt er, daß der Schaden, der durch private Laster und Torheiten entsteht, niemals so groß sein kann wie der, der aus der staatlichen Beschneidung der menschlichen Freiheit erwächst. Diese These läßt sich wieder zweifach interpretieren, und beide Varianten haben verschiedene Vor- und Nachteile:

1. a) Quantitativ interpretiert ruht die These auf einer unsicheren empirischen Basis. Sie würde allerdings, wenn ihre Korrektheit nachgewiesen wäre, jeden leicht vom Nutzen der Freiheit überzeugen – wenn auch nur aus instrumentellem Interesse.

1. b) Qualitativ interpretiert würde die These das Gut der Freiheit auf eine so hohe Ebene setzen, daß ihr Wert von allen anderen Erwägungen unberührt bliebe. Der Nachweis dieser These ist empirisch unmöglich und muß auf die schon ausführlich besprochene Argumentation mit Plausibilitätserwägungen zurückgreifen, die keine zwingende Antwort auf das jetzt zu behandelnde Problem ermöglicht.

2. Mills zweite Entgegnung läßt sich auch in einer ganz anderen Richtung interpretieren: Der Kritiker, der rechtsmoralistische und rechtspaternalistische Normen begründen will durch Rückgriff auf das Schadensprinzip, ist unehrlich; er sucht einen Vorwand, um seine eigentlichen Absichten durchzusetzen, und geht mit seiner Rede vom gesamtgesellschaftlichen Schaden nur strategisch vor. Diese Entgegnung Mills ist eine interessante psychologische Beobachtung oder allenfalls ein begrüßenswerter Diskussionsvorschlag zur Klärung der jeweiligen Positionen. Als Argument verstanden wäre diese Entgegnung Mills aber schwach. So verstanden berücksichtigt sie nämlich unzureichend die Trennung zwischen der *Genese* und der *Geltung* einer Aussage. Die Richtigkeit einer These ist vollkommen unabhängig von den Absichten, die dazu geführt haben, daß diese These aufgestellt wurde.[10]

Mills dritte Entgegnung: Die Einmischung der Öffentlichkeit in die Privatsphäre hat aus pragmatischen Gründen wenig Erfolgsaussichten. (R 114 f)

Mill hält dies für das stärkste Argument gegen seinen Kritiker; aber das ist zweifelhaft. Es ist vielleicht das stärkste der Argumente, die er selbst vorbringt; aber es gibt ein noch stärkeres, das Mill nicht erwähnt. Bevor wir uns diesem zuwenden, soll aber noch kurz auf die Darlegung Mills eingegangen werden.

Seine dritte Entgegnung ist von anderer Art als die vorhergehenden: Er setzt den Nachweis, daß eine Privatsphäre sinnvoll abgegrenzt werden kann, voraus und beschäftigt sich jetzt mit der Frage, ob ein Eingriff in diese Sphäre erfolgversprechend ist. Dabei führt er drei pragmatische Erwägungen an:

1. Die Heranziehung des Strafrechts ist zur Unterdrückung starker Charaktere, die sich „Laster und Torheiten" zuschulden kommen lassen, das falsche Mittel der Einflußnahme, weil es nicht reformierend wirkt, sondern Rebellen erzeugt (R 114).
2. Wenn ein bestimmter Lebenswandel dem Individuum wirklich schadet, dann wird sein Beispiel eher heilsam als verführerisch auf andere wirken (R 115).

---

[10] Prägnanter formuliert: Auch wenn ein Fan des 1. FC Köln seiner Mannschaft den Titelgewinn allein aus dem Grund vorhersagt, weil er sich dieses Ergebnis wünscht, könnte seine Vorhersage dennoch zutreffen.

3. Staatliche Einflußnahme wird wahrscheinlich keinen positiven Effekt haben, weil die Mehrheit sich sehr leicht darin irren kann, was wirklich gut für ein bestimmtes Individuum ist (R 115). Man beruft sich auf die Gefühle der Mehrheit, die einerseits nicht verletzt werden dürften und andererseits ein Wissen darüber vermitteln sollen, was strafrechtlich unterdrückt werden sollte (R 116). Das genügt nach Mill aber nicht als Begründung.

Alle drei Thesen kranken grundsätzlich an den Schwierigkeiten, die wir schon bei anderen empirischen Argumenten festgestellt haben (vgl. z. B. R 105). Argument 2 bietet darüber hinaus einen nützlichen Ansatzpunkt zur Feststellung der wirklichen Grundprinzipien des hier behandelten Kritikers. Wenn es ihm wirklich nur um den Schaden geht, der der Gemeinschaft entsteht, wenn ein Individuum sein Leben in einer Art gestaltet, die gemeinhin als unmoralisch oder selbstschädigend angesehen wird, dann muß er sagen, inwiefern andere denn überhaupt berührt werden, wenn die kritisierten Handlungen nur im Privaten geschehen und in der Öffentlichkeit überhaupt nicht auftauchen. Er hat eigentlich nur zwei Möglichkeiten: Einmal kann er behaupten – wie von Mill selbst aufgeführt –, daß er einfach *fühlt,* daß bestimmte Handlungen unterdrückt werden müssen. Damit zieht sich der Kritiker auf einen nicht weiter begründeten Rechtsmoralismus zurück und muß zugeben, daß das Schadensprinzip nicht zur Begründung moralistischer Prinzipien genügt. Alternativ dazu kann der Kritiker behaupten, daß das *bloße Wissen* um die Praktizierung unmoralischer Handlungen ein unzumutbares Ärgernis bildet.[11] Dieses Argument des „bloßen Wissens“ läßt sich nicht logisch widerlegen; aber es läßt sich zeigen, welche inakzeptablen (und viel unzumutbareren) Konsequenzen ein solches Prinzip hätte, wenn man es beim Wort nähme. Mills weit ausgreifende Beispielsammlung im zweiten Teil des Kapitels zeigt, wie eine solche Erörterung aussehen kann.

Ganz abgesehen von der Reichweite von Mills obigen Entgegnungen muß aber noch ein Argument vorgestellt werden, das nicht bei Mill zu finden ist, aber wohl am besten die Schwächen desjenigen Rechtsmoralisten bzw. Rechtspaternalisten aufdeckt, der sich auf das Schadensprinzip beruft.

---

[11] Vgl. dazu oben die Kommentierung des Endes von Mills Kapitel „Über die Freiheit des Gedankens und der Diskussion.“

Ein Zusatzargument: Eine Gesellschaft benötigt einen Grundkonsens; aber nicht in allen moralischen Fragen.

H.L.A. Hart weist in seiner Auseinandersetzung mit Patrick Devlin darauf hin, daß die Argumentation seines Gegners ungerechtfertigt von der Notwendigkeit eines moralischen Grundkonsenses in einer Gesellschaft auf die Notwendigkeit der Übereinstimmung in allen Fragen der Lebensgestaltung schließt. Es spricht aber nichts für die Ansicht Devlins, daß ein Gesellschaftssystem zusammenbrechen muß, wenn in ausgedehntem Maße divergierende Sitten zugelassen werden. Originelle Lebensgestaltung – und sei sie noch so lasterhaft oder töricht – ist also nicht gleichzusetzen mit Landesverrat.[12] Ein moralischer Konservativismus im Sinne Devlins würde jede Reform der jeweils von der Mehrheit akzeptierten Bräuche unmöglich machen; und schon Mill weist darauf hin, daß man kaum davon ausgehen kann, daß die jeweils akzeptierten Bräuche die bestmöglichen sind.[13]

Mill hat im ersten Teil des Kapitels „Über die Grenzen der Autorität der Gesellschaft über das Individuum" die Angriffe derjenigen Kritiker abgeschlagen, die die Grenzziehung zwischen Privatem und Öffentlichem prinzipiell in Zweifel ziehen. Im zweiten Teil dieses Kapitels wendet er sich der normativen Frage zu, inwieweit die Privatsphäre durch den Staat respektiert werden sollte. Zu diesem Zweck bespricht er sieben Beispiele, die anhand verschiedener kultureller Kontexte jedem deutlich machen sollen, daß die Ausweitung staatlicher Autorität in den Privatbereich jedes Individuums hinein inakzeptable Auswirkungen hätte.

Sieben Fälle der Ausbreitung kultureller Normen in den Privatbereich:

Mill geht in seinen Beispielen schrittweise von entfernten Kulturen, deren Normen seinen englischen Zeitgenossen fremd sind und bei

---

12 Vgl. H.L.A. Hart, „Immorality and Treason" (1959), in: Richard A. Wasserstrom (Hrsg.), *Morality and the Law* (Belmont, Calif., 1971), S. 52; H.L.A. Hart, *Law, Liberty, and Morality,* S. 51 f. Vgl. auch Ronald Dworkin, *Taking Rights Seriously* (Cambridge, Mass., 1978), S. 240-258 („Liberty and Moralism") [dt. *Bürgerrechte ernstgenommen* (Frankfurt a.M., 1984), S. 419-428 („Freiheit und Moral")].

13 Hier wäre außerdem noch zu unterscheiden zwischen dem Regelsystem, das die Bevölkerung offiziell als das für sie moralisch gültige bezeichnet, und demjenigen, an das sie sich faktisch in ihrer Praxis hält. Diese Unterscheidung ist aber für Mills zentrales Argument irrelevant.

denen sie deshalb überzeugt sind, daß sie einem Individuum nicht aufgezwungen werden sollten, zu verschiedenen europäischen und schließlich spezifisch englischen Normen über. Auf diese Weise kann er seine Leser zu der Einsicht führen, daß auch in der modernen englischen Gesellschaft die moralischen Normen, die über das Schadensprinzip hinausgehen, nicht für die private Lebensgestaltung der Bürger verbindlich gemacht werden sollten. Wenn es ihm auf diese Weise schließlich gelungen ist, seine Zeitgenossen von dem Wert der individuellen Freiheit zu überzeugen, kann er auf dieser Grundlage in seinem abschließenden Kapitel „Anwendungen" auf strittige Fragen seiner eigenen Gesellschaft eingehen, die dann im Licht des Rechtsliberalismus geprüft werden müssen. Zunächst aber zu Mills Beispielen:

1. In einem muslimisch regierten Land wird jedem einzelnen strafrechtlich verboten, Schweinefleisch zu essen (R 117 f).
2. In Spanien gilt jede Konfession außer der römisch-katholischen als gotteslästerlich und ist gesetzwidrig – z. B. dürfen Priester nicht verheiratet sein (R 118 f).
3. Die Puritaner in Großbritannien und Neu-England haben, solange sie an der Macht waren, Musik, Tanz, Theater und andere (öffentliche oder private) unterhaltende Zusammenkünfte unterdrückt (R 119 f).
4. In den Vereinigten Staaten – zur Zeit Mills – wird starker sozialer Druck in Richtung der Gleichmacherei ausgeübt. Die Mehrheit der Arbeiter verhindert, daß für bessere Arbeit auch ein höherer Lohn gezahlt wird. Wer reich ist und sich Luxus leistet, macht sich unbeliebt (R 120 ff).
5. Im größten Teil der Vereinigten Staaten ist der Verkauf alkoholischer Getränke verboten. Ähnliche Bestrebungen seitens wohlmeinender „Menschenfreunde von Beruf" (R 122) gibt es auch in England (R 122 ff).
6. Die Gesetzgebung über die Heiligkeit des Sonntags soll alle Sonntagsvergnügen beschränken. Es werden Versuche unternommen, Eisenbahnfahrten an Sonntagen zu stoppen und das Öffnen der Museen zu verhindern (R 124 ff).
7. Es gibt in England Bestrebungen, die Polygamie der Mormonen in Utah durch einen „Zivilisationszug" gewaltsam abzuschaffen (R 126 ff).

Mills Beispiele machen deutlich, daß es sich bei seinem Thema durchaus nicht um ein Thema von bloß akademischem Interesse handelt. Bei seiner Argumentation vertraut er darauf, daß – zumindest, was die ersten sechs Fälle angeht – seine Leser diese Fälle der Einmischung des Staates für eindeutig ungerechtfertigt halten. Auf dieser gemeinsamen Grundlage kann Mill nun danach fragen, warum genau die genannten Gesetze abzulehnen sind. Alles spricht nach Mill dafür, daß das Fragwürdige an allen besprochenen Fällen die „Logik der Verfolger" (R 119) ist.

Zwar könnte ein Kritiker theoretisch noch einwenden, daß alle behandelten Moral- und Glaubensvorstellungen verfehlt sind und es nur darauf ankommt, die *richtigen Inhalte* durchzusetzen – was bei Mills in erster Linie angesprochenem Leserkreis wohl die Vorstellungen der anglikanischen Staatskirche wären. Für einen solchen Kritiker können die zitierten Beispiele tatsächlich nicht überzeugend wirken, und die Überzeugungsarbeit müßte hier einen anderen Weg nehmen. Dabei läßt sich etwa an Mills Ausführungen zur Fehlbarkeit von Überzeugungen aus seinem Kapitel zur Meinungsfreiheit und an seine Darstellung des positiven Werts der Individualität denken. Bei einem hartgesottenen Orthodoxen werden allerdings auch diese Hinweise wohl kaum zu einer Meinungsänderung führen. Die Argumentation kommt dann irgendwann an ihr Ende. Aber das beeinträchtigt nicht Mills Verteidigung der Freiheit: Jede Wertdiskussion kommt irgendwann an ein Ende, wenn ein Gesprächspartner sich „blind" für bestimmte Gesichtspunkte zeigt. Das hat aber nicht die bloße Subjektivität solcher Diskussionen zur Folge, sondern sollte stattdessen als Warnung davor verstanden werden, allzu überzogene Begründungsprogramme aufzustellen.

Wenn man eine solche verbohrte Kritik beiseite läßt und die Einmischung des Staates in den angesprochenen Beispielen ablehnt, ist man allerdings tatsächlich gezwungen, Mills Schlußfolgerung zu teilen: Es mag eine natürliche Tendenz des Menschen sein, die eigenen Neigungen auch für andere verbindlich machen zu wollen;[14] akzeptabel ist sie aber nicht.

Da diese Tendenz anscheinend kaum für alle Zeit als hinreichend beschnitten angesehen werden kann, bedarf es eines wachsamen Auges für neue Fehlentwicklungen. Ein besonders schädlicher Grundsatz wird dabei von Mill ausdrücklich identifiziert: „Es ist der Glaube, daß Gott nicht nur die Taten des Ketzers verabscheut,

[14] Besonders deutlich wird diese Tendenz in Mills Darstellung der „Allianz" gegen den Alkoholverkauf: Deren Sekretär sieht es als sein „soziales Recht" an, daß seine eigenen sittlichen Überzeugungen zur Grundlage für die Rechtspflichten eines jeden Individuums gemacht werden (R 123 f).

sondern auch uns nicht für schuldlos hält, wenn wir diesen in Ruhe lassen" (R 126). Unterdrückerische Bestrebungen, die auf einem solchen Glauben beruhen, darf ein liberaler Rechtsstaat nicht dulden. Aus allgemein-menschlichen Interessen wäre es darüber hinaus am besten, wenn auch die Religionen und Weltanschauungen ein bestimmtes Maß an Selbstbeschränkung entwickeln würden. Aber das ist wohl kein allzu erfolgversprechender Wunsch.[15]

[15] Mill erwähnt im Zusammenhang mit den Puritanern, daß es schon oft vorgekommen ist, daß scheinbar im Niedergang befindliche Religionen verlorenen Boden zurückerobert haben (R 122). Dabei läßt sich einerseits an den Katholizismus denken: Wo er mächtig ist – wie z. B. in Irland –, tritt die Trennung von Staat und Kirche in den Hintergrund. Andererseits kommt der „Staatsicherheitsdienst" der ehemaligen DDR in den Sinn, der sicherlich alle Nachteile einer „moralischen Polizei" aufwies. Auch Weltanschauungen, die nicht im engeren Sinne zu den Religionen zählen, sind für die Zukunft in ihrer Gefährlichkeit nicht zu unterschätzen.

6. Zu Mills Kapitel „Anwendungen“

Nachdem Mill anhand von Beispielen aus anderen Kulturen plausibel gemacht hat, daß dem Strafrecht liberalistische Prinzipien zugrundeliegen sollten, wendet er diese Prinzipien nun auf Streitfragen seiner Zeit an, die er im Lichte der bislang gewonnenen Erkenntnisse einer neuen Prüfung unterzieht. Allerdings ist Mills Kapitelüberschrift etwas irreführend: Schließlich hat er seine liberalistischen Prinzipien nicht aus irgendwelchen ersten Wahrheiten abgeleitet, sondern mußte schon in den vorherigen Kapiteln auf unsere Intuition (im Sinne unserer wohlerwogenen Überzeugungen) bezüglich konkreter Einzelfälle zurückgreifen. Erst aus einer Kombination von Plausibilitätserwägungen, die auf solchen Einzelurteilen aufbauen, und methodischer Strenge, die zu einem logisch konsistenten reflektiven Gleichgewicht von Einzelurteilen und allgemeinen Prinzipien führt, ist die Begründung von Mills Rechtsliberalismus (oder jedes anderen normativen Systems) zu leisten. Zwar bietet Mill auch, wie er selbst ankündigt, einige „Muster von Anwendungen“ (R 129), die der Erläuterung seiner Grundsätze dienen; aber sein letztes Kapitel hat eher den Charakter einer Anwendung etablierter Prinzipien auf *kontroverse* Fälle. Er setzt hierfür voraus, daß der Leser ihm durch die ersten vier Kapitel gefolgt ist und zumindest versuchsweise den liberalistischen Standpunkt einnimmt. Nichtsdestoweniger können aber die nun zu besprechenden Fälle auch zu einer erneuten Überprüfung des liberalistischen Programms dienen: Wenn es in bestimmten kontroversen Fällen zu Konsequenzen führt, die so inakzeptabel sind, daß der kritische Leser eher bereit wäre, bestimmte Grundsätze Mills aufzugeben als seine Überzeugung bezüglich dieser Einzelfälle zu ändern, wäre das ein Hinweis dafür, daß das reflektive Gleichgewicht vielleicht neu austariert werden muß.

Zur besseren Prüfung von Mills Programm sollen ergänzend zwei Problemfälle vorgestellt werden, die Mill nicht selbst erwähnt, die aber von manchen Kritikern als Schwachpunkte des Rechtsliberalismus angesehen werden: Es geht um die rechtliche Behandlung von Tierquälerei und lebensgefährlichen Duellen bzw. Gladiatorenkämpfen. (Weitere Fälle zur eigenen Prüfung der Anwendung von Mills Prinzipien findet der Leser im Anhang.)

Abschließend soll dann noch auf Mills Gedanken zur wünschenswerten Eigenaktivität des Staatsapparats in der Gesellschaft eingegangen werden. Diese Überlegungen gehen über das eigentliche Thema von Mills Abhandlung – der Schutz der Privatsphäre des Individuums vor staatlichen Eingriffen – hinaus. Dennoch besteht eine gewisse Verbindung zu diesem weiterführenden Fragenkomplex. Auch in seinen abschließenden Erörterungen verteidigt Mill die Entfaltungsmöglichkeit des Individuums gegenüber der Macht des Staates. Nur geht es nun darum zu zeigen, daß der Staat (bzw. die Regierung) sich auch aus *öffentlichen* Angelegenheiten möglichst weit heraushalten sollte. Wie wir sehen werden, ist auch dieser Punkt von besonderer Aktualität.

Mill beginnt sein Kapitel „Anwendungen" mit einer Rekapitulation seiner beiden altbekannten Grundsätze: a) Schutz der Privatsphäre jedes Individuums, b) Schutz jedes einzelnen vor Schädigung durch andere (R 129). Zunächst einmal[1] unterscheidet Mill zwei logische Beziehungen, die zwischen entstehendem Schaden und berechtigter staatlicher Einflußnahme bestehen.

Spezifizierung des Schadensprinzips: Interessenbeeinträchtigung ist eine notwendige, aber keine hinreichende Bedingung für die Rechtfertigung staatlicher Eingriffe. (R 129)

Nach Mill darf der Staat nicht in die Privatsphäre eines Individuums eingreifen, wenn durch die Handlungen des einzelnen niemand sonst geschädigt wird – wobei wir allerdings schon sahen, daß sogar Mill selbst implizit eine Ergänzung des bloßen Schadensprinzips vorsieht. Der Nachweis, daß andere durch eine bestimmte Handlung in irgendeinem Sinne geschädigt werden, reicht aber zur Rechtfertigung eines staatlichen Eingriffs nicht aus. Mill illustriert dies an Berufen, für die es mehr Bewerber als Stellen gibt, sowie an Wettbewerben, bei denen es immer auch Verlierer geben wird (R 130). Einige Interessenkonflikte werden von Mill auf schlechte soziale Einrichtungen zurückgeführt, wobei diese Konflikte unter den gegebenen Umständen unvermeidlich sind. Er erkennt aber auch, daß es unmöglich ist, Konfliktfälle auf irgendeine Weise für alle

[1] Die Übersetzung von „In the first place" als „Im ersten Falle" ist irreführend, denn die folgende Erläuterung bezieht sich auf den *zweiten* Grundsatz.

Zeiten auszuschließen.[2] Der Staat muß allerdings u.a. dafür sorgen, daß es nicht zu Betrug, Verrat oder Gewalt kommt (R 130).

Illustration: Freihandel

Mill spricht sich eindeutig für den Freihandel aus: Jede Beschränkung ist *prima facie* von Übel (R 131). Im Konfliktfall bedarf nicht das Eintreten für die Freiheit, sondern das Eintreten für ihre Beschränkung einer besonderen Begründung. Dennoch hält er aber am Recht öffentlicher Kontrolle fest. Er setzt sich vom Manchester-Kapitalismus in zweierlei Hinsicht ab: Einerseits fordert er den Schutz des Käufers (etwa vor betrügerischer Fälschung), andererseits fordert er den Schutz des Fabrikarbeiters (etwa bei gefährlichen Arbeiten) (R 131).

Mills Eintreten für den Freihandel ist nicht eindeutig begründet. Seine Darstellung der Nachteile staatlicher Eingriffe verweist u.a. darauf, daß es sich gezeigt hat, daß die Produktion dann am besten die Bedürfnisse aller Beteiligten befriedigt, wenn sie ganz dem Marktmechanismus von Angebot und Nachfrage überlassen bleibt (R 130). Dies läßt sich wohl am besten als ein sekundäres Argument verstehen. Grundlegend ist für Mill, daß im Zweifelsfall Freiheit vor Kontrolle gehen soll. In dem vorliegenden Fall will er zusätzlich zeigen, daß eine teilweise staatliche Kontrolle zwar grundsätzlich zu rechtfertigen ist, aber auch auf empirische Schwierigkeiten stößt. Mill verläßt sich vielleicht allzusehr auf die „unsichtbare Hand" im Sinne von Adam Smith, der davon ausgeht, daß die egoistische Interessenvertretung eines jeden einzelnen im Bereich des Handels schließlich zur größtmöglichen Bedürfnisbefriedigung für alle führt.[3] Allerdings ist zur Verteidigung von Mill zu sagen, daß – wie

---

[2] Das liegt nicht nur an den impliziten Bedingungen von Wettbewerben – die ja vielleicht zwangsweise abgeschafft werden könnten –, sondern ist auf die grundlegenden Lebensbedingungen des Menschen zurückzuführen. Hume und Rawls betonen hier insbesondere begrenzte Ressourcen und begrenzten Altruismus. Vgl. David Hume, *An Enquiry concerning the Principles of Morals,* S. 183-187 [dt. S. 101-105]; John Rawls, *A Theory of Justice,* S. 126-130 [dt. S. 148-152].

[3] Allerdings hat bei Adam Smith – ebenso wie bei Mill – der Markt auch moralische Grenzen. Vgl. Gerhard Streminger, „Adam Smiths Gerechtigkeitskonzeption", in: Ota Weinberg, Peter Koller u. Alfred Schramm (Hrsg.), *Philosophie des Rechts, der Politik und der Gesellschaft: Akten des 12. Internationalen Wittgenstein Symposiums* (Wien, 1988), S. 67-76.

inzwischen allen vor Augen steht – die Planwirtschaft noch größere Probleme hat.

Ein kontroverses Problem: Soll der Verkauf von Alkohol, Opium und Gift erlaubt sein? (R 131)

Mills Stellungnahme zum Verkauf von Stoffen, die mißbraucht werden können, ist eindeutig: Eingriffe sind zu verwerfen, weil die *Freiheit des Käufers* nicht beschnitten werden darf. Es ist nicht unbedingt klar, daß dies die einzig logische Folgerung der Anwendung von Mills liberalistischem Programm auf diesen Problemfall bildet. Mills Darstellung der Argumente beider Seiten ist hier genau zu prüfen.

Gegen Prävention spricht: Polizeiliche Vorbeugemaßnahmen führen leicht zu Mißbrauch. (R 132)

Mill gesteht zu, daß es Aufgabe des Staates ist, Vorsichtsmaßnahmen gegen Verbrechen zu treffen. Das kann nach Mill aber nicht bedeuten, daß der Staat das Recht haben sollte, überhaupt jede Möglichkeit der Verbrechensplanung auszuschließen. Dies wäre wohl nur möglich, wenn man, wie in Orwells „1984", in jedem Privatzimmer Überwachungskameras einrichten würde. Damit wäre aber jede Handlungsfreiheit auf dem Altar der Sicherheit geopfert worden. Es kommt daher auf den Einzelfall an, wobei geprüft werden muß, wie akut oder wahrscheinlich ein Verbrechen ist. Dabei kann es sich durchaus herausstellen, daß ein polizeiliches Eingreifen gerechtfertigt ist.

Klarstellung: Der Staat darf Verbrechen und Unfälle verhüten. (R 132)

Dieser Punkt enthält zwei wichtige Thesen. Einmal muß der Staat eingreifen, wenn eindeutig eine *Verbrechens*vorbereitung vorliegt. Zur Zeit Mills wurden „Gifte" auch als Medikamente verwendet. Wenn sie aber allein zu Mordzwecken benutzt würden, könnte der Staat ihren Verkauf nach Mill verbieten. Dann fiele der Verkauf nämlich unter das Schadensprinzip.

Mills weitergehende Zuschreibung der Aufgabe der Verhütung von *Unfällen* seitens des Staates macht implizit deutlich, daß er eine bestimmte Form des Paternalismus vertritt, wenn auch in der „weichen" Variante, die mit dem Rechtsliberalismus vereinbar ist. Mills Beispiel ist ein Mann, den man über eine baufällige Brücke gehen sieht. Wenn man keine Zeit mehr hat, ihn zu warnen, darf man ihn mit Gewalt zurückhalten – dies allerdings nur, um ihn über die möglichen Gefahren aufzuklären, von denen er vielleicht nichts weiß: „Denn Freiheit besteht darin, zu tun, was man will, und der Betreffende will ja nicht ins Wasser fallen“ (R 132). Entscheidend ist aber für den Liberalisten, daß der Betreffende – soweit er im Vollbesitz seiner geistigen Kräfte ist und nunmehr wohlinformiert über die äußeren Umstände ist – nur vor der Gefahr gewarnt werden darf, letztlich aber selbst entscheiden können muß, ob er das Risiko auf sich nehmen will. Der Staat darf ungewollte Unfälle ausschließen, darf aber nicht – *prima facie* – bewußt gewähltes, risikohaftes Verhalten unterbinden.

Aus diesen beiden Prinzipien, dem Schadensprinzip und dem weichen Paternalismus, lassen sich zwei Arten gerechtfertigter staatlicher Zwangsmaßnahmen ableiten.

Vorsichtsmaßregeln als Warnung für den einzelnen (R 133)

Nach Mill ist es mit der Freiheit des Handels vereinbar, daß seitens des Staates erzwungen wird, gefährliche Stoffe entsprechend zu kennzeichnen. Dies rechtfertigt er nach der Art des weichen Paternalismus: Es liegt im Interesse des Käufers, über die Eigenschaften der Produkte informiert zu sein; erst auf dieser Grundlage ist eine wohlerwogene Willensentscheidung möglich. Ein riskantes Produkt darf nach Mill aber nicht einfach verboten werden; das wäre nur durch einen „harten“ Paternalismus zu rechtfertigen, und den lehnt Mill eindeutig ab.

Ein gutes Beispiel für eine staatliche Vorgehensweise, die Mills Gedankengang entspricht, ist in der Bundesrepublik Deutschland die Auflage für die Zigarettenindustrie, auf Werbeplakaten den Hinweis aufzunehmen: „Der Bundesgesundheitsminister: Rauchen gefährdet Ihre Gesundheit.“ Rauchen wird nicht verboten, aber vor den nachteiligen Folgen wird gewarnt. Diskutiert werden könnte hier noch, inwieweit Werbung für gesundheitsschädliche Konsumgüter überhaupt erlaubt werden sollte. Dieses Problem wird deutlicher im Zusammenhang mit Mills Besprechung der Frage, ob die *Anstiftung* zu unmoralischem oder selbstschädigendem Verhalten ebenso wie diese Handlungen selbst rechtlich erlaubt sein sollte. Wir wollen jedoch zunächst Mills eigener Argumentationslinie folgen.

Vorsichtsmaßregeln zur Unterbindung der Schädigung anderer (R 133)

Aus dem Schadensprinzip läßt sich nach Mill die Forderung ableiten, daß trotz des freien Verkaufs von Produkten, die andere schädigen könnten, staatliche Vorkehrungen getroffen werden dürfen, die gegen einen Mißbrauch gerichtet sind. So regt er an, daß Verzeichnisse geführt werden sollten über den Verkauf von Artikeln, die sich als Werkzeuge für Verbrechen eignen. Das würde zumindest dafür sorgen, daß bestimmte Verbrechen leichter aufgedeckt werden könnten (R 134) – was sicherlich auch eine abschreckende Wirkung hat.

Heute ließe sich in diesem Zusammenhang wohl in erster Linie an den Verkauf von Handfeuerwaffen denken, wobei die Rückverfolgung auf den Käufer noch dadurch erleichtert wird, daß jeder Waffe eine Seriennummer eingestanzt wird. Mill denkt aber in erster Linie an Medikamente im weitesten Sinne. Dabei muß die zeitgenössische Situation in England beachtet werden, die durchaus einen Einfluß darauf hat, wie Mills abstrakte Prinzipien zu konkreten Handlungsanweisungen umgesetzt werden. So geht Mill davon aus, daß bestimmte Medikamente, die mißbraucht werden können, für manchen, der sie rechtmäßig anwenden will, unerreichbar würden, wenn in allen Fällen ein ärztliches Attest verlangt würde: Das wäre nämlich für manchen *zu kostspielig* (R 133). In der heutigen Situation könnte man dagegen aufgrund anderer Umstände eine andere Folgerung ableiten: Durch die gesetzliche Krankenversicherung ist es jedem möglich, kostenlos benötigte Medikamente verschrieben zu bekommen. Deshalb wäre es heute wohl auch für Mill akzeptabel, daß bestimmte Medikamente nur gegen Rezept abgegeben werden.

An diesem Beispiel zeigt sich, wie empirische Gegebenheiten die konkrete Anwendung normativer Prinzipien beeinflussen. Dies heißt aber nicht, daß deswegen der Relativismus recht hätte: Die Grundprinzipien haben sich dadurch nicht verändert. Deshalb darf man Mills Vorschläge auch nicht einfach deswegen ablehnen, weil seine konkreten Handlungsempfehlungen vielleicht schlecht auf die heutige Situation passen. Es muß unterschieden werden zwischen abstraktem Prinzip, konkreter Situation und konkreter Ableitung. Dabei darf nicht übersehen werden, welche weitreichenden Folgen eine Änderung der äußeren Umstände haben kann.

Neue Probleme des Liberalismus durch geänderte empirische Gegebenheiten

Der heutige weite Ausbau des sozialen Netzes hat z. B. Auswirkungen auf Mills liberalistisches Programm, wobei Schwierigkeiten entstehen, mit denen Mill nicht rechnen konnte. Wenn Alkoholmißbrauch immer neben dem Individuum selbst auch die Gemeinschaft indirekt schädigt, weil letztlich bestimmte Versicherungen bei Krankheiten und Verletzungen des einzelnen einspringen müssen, könnte der Verdacht aufkommen, daß heute immer das Schadensprinzip greift, um traditionell paternalistische Prinzipien zu rechtfertigen. Mills Forderung nach der Berücksichtigung von Sonderverpflichtungen bei der Gestaltung des eigenen Lebens – die sich etwa aus familiären Beziehungen ergeben – könnte unter den neuen Umständen ausgeweitet werden auf die Gesamtgesellschaft; nicht als Großfamilie, aber als eng verwobenes Ganzes. Schließlich führt Mill selbst das Beispiel an, daß sogar Müßiggang unter Umständen strafbar sein kann: „bei Personen, die öffentliche Unterstützung erhalten oder die damit einen Kontraktbruch begehen" (R 134).

Dieses Problem kann hier nicht ausdiskutiert werden. Zwei mögliche Auswege für Mill seien aber genannt: Einerseits könnte er weitreichende staatliche Vorsorgemaßnahmen generell ablehnen oder zumindest fordern, daß Individuen auf eigenen Wunsch von Pflichtversicherungen befreit werden können. Andererseits könnte er urteilen, daß der Schaden, der der Gemeinschaft über eventuelle Erhöhungen der Versicherungsbeiträge entsteht, ein zu akzeptierender Nebeneffekt ist, der gegenüber dem Wert der Freiheit individueller Lebensgestaltung nicht allzusehr ins Gewicht fällt.

Ergänzung des Schadensprinzips: Über „Vergehen gegen die Schicklichkeit" (R 135)

Mill behauptet einfach, daß eine „Beleidigung der guten Sitten" unter Verstöße gegen andere fällt. Er ist sich aber nicht im klaren darüber (oder macht zumindest nicht deutlich), daß ein Verbot der öffentlichen Durchführung von bestimmten „Handlungen, die nicht an sich verwerflich sind und auch nicht dafür gelten" (R 135),[4] nicht aus dem bloßen Schadensprinzip abgeleitet werden kann. Wie wir schon bei der Kommentierung von Mills „Einleitung" feststellten,

[4] Mill denkt hier vielleicht an das Defäkieren und Urinieren. Auch das Kopulieren fällt wohl unter die hier zu berücksichtigenden, an sich moralisch zumindest nicht negativ zu bewertenden Handlungen (wobei einige Religionen für den letzteren Fall allenfalls zusätzlich voraussetzen würden, daß diese Handlung allein zu Zeugungszwecken geschehen darf und ohne jegliches Lustgefühl vor sich gehen muß).

ist der Rechtsliberalismus hier zur Ergänzung des Schadensprinzips durch das „Ärgernisprinzip" – nicht aber durch das Prinzip des Rechtsmoralismus! – gezwungen, um für die angesprochenen Fälle unserer Einzelfallbewertung gerecht zu werden. Dies bedeutet zwar keine Aufgabe des liberalistischen Programms, sollte aber eindeutig als Ergänzung – und nicht bloße Anwendung – des Schadensprinzips herausgestellt werden.

Ein kontroverses Problem: Hat der Anstifter ebensoviele Freiheiten wie der Handelnde selbst? (R 135 ff)

Mit dem Problem der Beurteilung von *Anstiftern* zu Taten, die unmoralisch sind oder den Handelnden selbst schädigen, geht Mill auf ein Problem ein, das mit dem oben angesprochenen des *Verkaufs* gefährlicher Güter in Zusammenhang steht. Für Mill ergibt sich aus der Meinungsfreiheit und der Freiheit der Lebensgestaltung, daß andere im Regelfall bestimmte Handlungen befürworten dürfen, auch wenn diese unmoralisch sind oder dem Handelnden selbst schaden: „Was erlaubt ist zu tun, muß auch erlaubt sein zu raten" (R 135). Mill sieht aber ein wirkliches Problem, wenn das „Beraten" aus persönlichem Gewinnstreben geschieht. Allerdings könnte man dem hinzufügen, daß eine solche „Beratung" nicht nur dann zweifelhaft ist, wenn sie von persönlichem Gewinninteresse geleitet ist: Wenn jemand andere zu irgendwelchen Handlungen überredet, die diese schädigen und die Dritten zugute kommen, kann dies ebenfalls kritikwürdig sein – man denke nur an Sektenvertreter, die andere durch eine Quasi-Gehirnwäsche dazu bringen, ihr gesamtes Vermögen einem Sektenführer zu spenden. Ein Kriterium zur Ablehnung solcher Praktiken, das hier vielleicht zusätzlich heranzuziehen wäre, ist die Ablehnung von bloßer *Überredung* – im Gegensatz zu *argumentativer* Überzeugungsarbeit. Es muß allerdings zugestanden werden, daß dieses Kriterium allein auf sich gestellt die Freiheit zu weitreichend einschränken würde. Man wird z. B. nicht von der Werbung verlangen können, daß sie sich auf reine Argumentation beschränkt.

Für die Fälle der Zuhälterei und des Betreibens von Spielhöllen kommt Mill zu keinem eindeutigen Ergebnis. Er führt aber beispielhaft vor, wie eine argumentative Prüfung dieser Beispiele durchgeführt werden kann, die die Gründe beider Seiten berücksichtigt

(R 136 f). Er will sich zwar letztlich nicht festlegen,[5] tendiert aber dazu, im Zweifelsfall ein Eingreifen des Staates abzulehnen. Seine Antwort auf entsprechende Fragen bezüglich des Verkaufs von Gütern, die mißbraucht werden können, ist dagegen eindeutig: Hier soll der Staat nicht in die Freiheit des Käufers eingreifen; und das bedeutet für Mill, daß nicht nur der Verkauf solcher Produkte nicht verboten werden darf, sondern sogar Einschränkungen ihres Verkaufs nicht zu rechtfertigen sind. (Mill denkt hier besonders an das zu seiner Zeit aktuelle Thema der Prohibition von Alkohol.[6]) Allerdings ist seine Position hier nicht ganz eindeutig. Einerseits sagt er, daß es ganz natürlich ist, daß die Verkäufer ein Gewinninteresse haben (und deshalb auch zur Unmäßigkeit ermuntern), so daß diese Tatsache allein ein Alkoholverbot nicht rechtfertigen kann (R 137). Andererseits billigt Mill dem Staat aber das Recht zu, als Maßnahme gegen diese Unmäßigkeit dem Verkauf von Alkohol Beschränkungen aufzuerlegen. Welche Beschränkungen diesbezüglich vom Grundsatz her erlaubt sein sollten (und welche nicht), macht Mill, wie wir sehen werden, allerdings ebenfalls nicht so deutlich, wie dies wünschenswert wäre.

Ein kontroverses Problem: Ist die Besteuerung von Alkohol zu rechtfertigen? (R 138 f)

Mill stellt die generelle Frage, ob es dem Staat erlaubt sein sollte, bestimmte Handlungen, die den einzelnen schädigen (könnten), in ihrem Vollzug zu erschweren. Sein konkretes Beispiel sind zwei Maßnahmen gegen den Alkoholkonsum: Starke Besteuerung und Verringerung der Verkaufsstellen. Auf den ersten Blick ist die von Mill bezogene Position kompromißlos: Eine Erschwerung des Konsums wäre nur dann zu rechtfertigen, wenn auch ein Verbot zu rechtfertigen wäre – was nach Mill gerade *nicht* der Fall ist. Dennoch findet er aber einen Weg, beide Maßnahmen zu rechtfertigen, was den Verdacht aufkommen läßt, daß es sich bei den von ihm

---

[5] Diese Zurückhaltung bedeutet kein Manko. Sie zeigt eher, daß eine vernünftige Anwendung der Urteilskraft nicht in allen Fällen zu simplizistischen Lösungen führen kann, wie sie für das Weltbild des Fundamentalismus typisch sind, der immer schon auf alle Fragen die richtige Antwort weiß.

[6] Ein heute aktuelles Thema, von dem nicht klar ist, ob es dem behandelten Fall entspricht, ist die Frage, ob Rauschgiftsüchtigen Heroin verfügbar gemacht werden sollte. Hier fehlt der Raum, um dieses komplexe Problem angemessen zu diskutieren.

dafür vorgebrachten Begründungen um bloße Rationalisierungen handelt. Die mögliche Motivation Mills tut jedoch der zu prüfenden Geltung seiner Argumente keinen Abbruch.

1. Mill rechtfertigt die Besteuerung von Alkohol: Da der Staat auf irgendeine Weise benötigte Steuermittel eintreiben muß, ist es sinnvoll, Steuern auf Genußmittel zu erheben. Dies nach Mill aber nicht, weil diese schädlich sind, sondern weil sie Luxusgüter sind. (Um konsequent zu sein, müßte Mill damit eine gleich starke Besteuerung auch für andere, nicht schädliche Luxusgüter fordern.)
2. Mill rechtfertigt die Verringerung der Verkaufsstellen: Weil „öffentliche Erholungsorte", an denen Alkohol ausgeschenkt wird, leicht zum Ausgangspunkt von Verbrechen werden können, sollte der Staat Verkaufsstellen von Alkohol der öffentlichen Kontrolle unterziehen – etwa durch Lizenzvergabe bzw. Lizenzentzug. Dies nach Mill aber nicht, um Schaden für den einzelnen durch übermäßigen Alkoholkonsum zurückzudrängen, sondern allein auf Grundlage des Schadensprinzip, das die Verbrechensbekämpfung gebietet.

Mills eigentliche Begründung für die Ablehnung des Paternalismus: Selbstbestimmung ist möglich! (R 139 f)

Die letzte Fundierung von Mills Rechtsliberalismus ist in seinem idealistischen Menschenbild zu finden. Er hält daran fest, daß der Mensch in der Lage ist, in freier Selbstbestimmung sein Leben vernünftig zu gestalten. Ehe nicht alle Anstrengungen erschöpft sind, jeden Menschen als autonome Person zu behandeln, sollte niemandem eine staatliche Zwangserziehung – denn darauf läuft der Rechtspaternalismus hinaus – aufoktroyiert werden.

Die Grenzen der (Vertrags)freiheit: Sklaverei, Ehe und Familie

Wie wir schon oben sahen (vgl. R 104), bildet sogar das allgemein formulierte Schadensprinzip schon eine allzu weitgehende Einschränkung der Freiheit im Sinne des Liberalisten. Es gehört nach Mill zur Freiheit einer Gruppe von Individuen, daß sie Vereinbarungen treffen dürfen, durch die vielleicht ein Individuum durch ein anderes „geschädigt" wird: Wenn es mit der Einwilligung aller Betroffenen geschieht, gehen diese Handlungen den Staat nichts an.

Allerdings hat auch diese Vertragsfreiheit nach Mill ihre Grenzen, und auf diese geht er anhand von drei Fallbeispielen ein.

1. Sklaverei (R 140 f). Mill will die Freiheit eines Individuums, sich vertraglich als Sklave zu verkaufen, grundsätzlich ausschließen: „Das Prinzip der Freiheit kann nicht fordern, daß er die Freiheit haben sollte, nicht frei zu sein" (R 141). Obwohl Mill diesen Punkt für offensichtlich hält, ist er dennoch unter liberalistischen Theoretikern nicht unumstritten.[7] So wird von einigen Kritikern argumentiert, daß Mill zwar insoweit zuzustimmen ist, als keine Verträge rechtsgültig sein sollten, in denen eine Person unwiderruflich „auf allen künftigen Gebrauch" (R 141) ihrer Freiheit verzichtet. Aber damit hat er noch nicht gezeigt, daß auch Verträge, die die eigene Freiheit *für eine bestimmte Zeit* einschränken, nach liberalistischen Prinzipien unzulässig sein müßten. Ein Liberalist könnte als Beispiel Odysseus anführen, der sich von seinen Gefährten an den Mast seines Schiffes fesseln ließ, um nicht den Rufen der Sirenen zu folgen.[8] Mills kompromißloses Eintreten gegen eine solche Einschränkung der Freiheit ist wohl auf sein idealistisches Menschenbild zurückzuführen: Zwar wäre eine (begrenzte) Freiheit zur Unfreiheit mit seinem liberalistischen Programm vereinbar. Aber ihm geht es nicht nur um die individuelle Freiheit, sondern auch um die Höherentwicklung des Menschengeschlechts; und eine solche Entscheidung zur Unfreiheit ist für Mill vielleicht unvereinbar mit diesem höchsten Ziel.
2. Ehe (R 141 ff). Mill fordert, daß Verträge auch wieder gelöst werden können – zumindest, wenn beide Vertragspartner dies wünschen und keine Dritten mitbetroffen sind. Sein Beispiel ist der Ehevertrag, dessen adäquate Bewertung er in Auseinandersetzung mit Wilhelm von Humboldt zu klären versucht. Dieser vertritt die Ansicht, ein Ehevertrag sollte niemals über eine bestimmte Zeitdauer hinaus gesetzlich bindend sein und durch einfache Willenserklärung gelöst werden können (R 141 f).[9] Mill stimmt Humboldt zwar in der Ablehnung der Ansicht zu, daß „das Interesse der Kinder alles, das der Erwachsenen nichts bedeute" (R 143). Aber er hält Humboldt vor, daß er unzureichend bestimmte Aspekte berücksichtigt, die gewichtige Gründe gegen

[7] Vgl. C.L. Ten, *Mill on Liberty* (Oxford, 1980), S. 117-119.

[8] Ein aktuelleres Beispiel ist die Freiheit, sich für bestimmte Zeit in einer Klinik einer Abmagerungskur zu unterziehen, deren Durchführung vollkommen der Gewalt des Klinikpersonals obliegt.

[9] Vgl. Wilhelm von Humboldt, *Ideen zu einem Versuch, die Grenzen der Wirksamkeit des Staats zu bestimmen,* S. 38 ff.

eine allzu einfache Möglichkeit der Lösung einer Ehe aufzeigen. Einerseits muß beachtet werden, daß beide Ehepartner ihre Lebensplanung auf die mit der Ehe verbundenen Erwartungen gegründet haben, wodurch neue Verpflichtungen für beide Seiten entstehen. Und andererseits ergibt sich eine ganz neue Lage, wenn Dritte direkt betroffen sind – wenn nämlich Kinder aus der Ehe hervorgegangen sind.[10] Deren Interessen sollten zwar nicht ausschließlich, aber doch immerhin *mit*berücksichtigt werden.

3. Familie (R 143 ff). Hier geht es Mill weniger um die Grenzen der Vertragsfreiheit im engeren Sinne, sondern vielmehr um die Grenzen einer Form von „Freiheit", bei der es sich in Wirklichkeit um bloße Macht im Sinne der Ausübung von Willkür handelt. Während die Regierung in Mills England allgemein die Freiheit des Individuums zu wenig respektiert, läßt sie andererseits der despotischen Macht der Männer über Frau und Kinder zuviel „Freiheit" (R 143 f). Mills Position ist eindeutig und für seine Zeit durchaus provokativ: Der Staat sollte dafür sorgen, daß die Frauen dieselben Rechte und denselben Rechtsschutz wie Männer erhalten. Außerdem sollte der Staat die Erziehung der Kinder erzwingen, wenn die Eltern die Erfüllung dieser Pflicht versäumen.

Das Thema „Erziehung" nimmt einen großen Stellenwert in Mills Verteidigung der Freiheit ein. Allerdings vertritt er diesbezüglich u.a. bestimmte Thesen, die heute nicht einfach übernommen werden können. Insbesondere seine Verteidigung der Vielfalt der Erziehung bedarf einer kritischen Prüfung. Dabei muß Mills historischer Kontext beachtet werden, in dem Mill seine konkreten Empfehlungen gibt.

Ein kontroverses Problem: Staatliche Erziehung!? (vgl. R 144 ff)

Mill fordert, daß per Gesetz die allgemeine Erziehung der Kinder erzwungen wird – im Interesse der Kinder. Die konkrete Erziehung will er aber nicht dem Staat, sondern einer Vielfalt von privaten Institutionen überlassen, wobei der Staat nur ab und zu eingreift, indem er das Fachwissen der Schüler prüft.

Dieses Programm hat verschiedene Voraussetzungen, die teilweise zweifelhaft oder historisch überholt sind. So sieht Mill einen Hauptgrund für den Widerstand gegen eine staatlich erzwungene

---

[10] Auch Humboldt berücksichtigt allerdings die Pflichten der Eltern gegenüber ihren Kindern; vgl. ebd., S. 178 f.

allgemeine Schulbildung in dem Streit der Sekten darüber, wie die konkreten Lehrinhalte auszusehen hätten. Um dieses Problem zu umgehen, will Mill die Durchführung der Erziehung den verschiedenen Sekten selbst überlassen. Sie könnten dann ihre religionsspezifischen Inhalte lehren; dies aber nur in Ergänzung zur Vermittlung von Allgemeinbildung bzw. fachwissenschaftlichen Erkenntnissen. Nur dieses Wissen im letzteren Bereich würde staatlich geprüft werden – wobei dazu durchaus auch religionswissenschaftliche bzw. religionsgeschichtliche Kenntnisse gehören könnten. Bekenntnisse würden aber staatlicherseits weder verlangt noch geprüft: „Sie würden als Klerikale oder als Dissidenten aufwachsen, nur würde der Staat dafür sorgen, daß sie gebildete Klerikale oder Dissidenten werden" (R 147). Mill meint sogar, daß *jeder* in diesen Schulen Lehrer werden können sollte. Eine Staatsprüfung sollte vielleicht angeboten werden, aber ein erfolgreich bestandenes Examen sollte keine Einstellungsvoraussetzung bilden (R 148).

Die Frage ist, ob Mill den verschiedenen Sekten auf diese Weise nicht zu weit entgegenkommt. Soll man sich wirklich damit abfinden, daß die Eltern ihre Kinder in jede beliebige Schule schicken können? Zumindest bei manchen Sekten des 20. Jahrhunderts ist sicherlich zu fragen, ob diese nicht einen derart schädlichen Einfluß auf die geistige Entwicklung der Kinder ausüben könnten, daß die zusätzliche Vermittlung der Lese- und Schreibfähigkeit dies nicht wettmachen würde. Außerdem besteht nicht unter allen gesellschaftlichen Gruppen ein Konsens darüber, was als wissenschaftliches Grundwissen anzusehen ist – man denke nur an den Widerstand der Anhänger des Kreationismus gegen die Evolutionstheorie. Hier ergeben sich Schwierigkeiten für Mills Programm, weil der Bereich des – nach allgemeiner Ansicht – wissenschaftlichen Grundwissens auch in den Bereich bestimmter religiöser Dogmen hineinreicht. Auch die Beschränkung der Eingriffe des Staates auf die Prüfung wissenschaftlicher Erkenntnisse hätte daher Konsequenzen, die mit einer sektenspezifischen Ausbildung unvereinbar wären.

Mills Eintreten für eine Vielfalt privater Erziehungsinstitutionen läßt sich einmal darauf zurückführen, daß er ohne dieses Zugeständnis an die verschiedenen weltanschaulichen Gruppierungen die Durchsetzung einer allgemeinen Schulbildung für nicht realisierbar hält. Dieses Programm muß aber auch im Zusammenhang mit Mills Mißtrauen gegenüber einem allzu weitreichenden Einfluß des Staates im allgemeinen und im Bereich der Erziehung im besonderen gesehen werden, da dieser leicht ein Ausmaß an Konformität zur Folge haben könnte, daß schließlich nur noch mittelmäßige Charaktere hervorgebracht werden: „Eine allgemeine Erziehung durch den Staat ist lediglich ein Trick, um die Menschen einander genau gleich zu formen“ (R 145). Hier übersieht Mill vielleicht einen dritten Weg: Allgemeine Erziehung durch den Staat, die religionsspezifisch neutral geschieht. Vielleicht war Mill diesbezüglich zu pessimistisch – obwohl zuzugestehen ist, daß auch heute noch Anpassung eine verbreitete Konsequenz der Erziehung ist. Dies wäre in von Sekten betriebenen Schulen allerdings kaum anders, und nur die Vielfalt der Meinungen in der Gesamtgesellschaft würde dabei zunehmen. Die auf diesem Weg erreichte Vielfalt dürfte allerdings nicht unbedingt positiv zu bewerten sein, weil die diversen Sektenschüler als Minderheitler wohl zum fundamentalistischen Fanatismus neigen würden.

Mit der Erörterung der Frage staatlicher Erziehung beendet Mill den Hauptteil seines Kapitels über die Anwendung seiner liberalistischen Prinzipien auf kontroverse Probleme. Auf den letzten Seiten seiner Abhandlung widmet er sich noch der Frage, inwieweit der Staat selbst in öffentlichen Angelegenheiten Projekte durchführen sollte bzw. inwieweit er diese der Eigeninitiative der Bürger überlassen sollte. Bevor wir uns diesem abschließenden Thema zuwenden, das indirekt mit Mills Verteidigung der individuellen Freiheit zusammenhängt, soll hier noch auf zwei Anwendungen eingegangen werden, die von Mill in seiner Abhandlung „Über die Freiheit“ nicht angesprochen werden, von seinen Kritikern aber oft als Problemfälle für den Liberalismus präsentiert werden.

Ein Zusatzproblem für den Liberalismus: Tierquälerei

Heute besteht wohl ein Konsens darüber, daß Tierquälerei ein moralisches Übel ist. Die Begründungen, die dafür von den verschiedenen philosophischen Schulen vorgebracht werden, unterscheiden sich zwar; aber das ist für unseren Zusammenhang nicht relevant. Wir müssen uns eher mit der Frage beschäftigen, ob Tierquälerei ein strafrechtlicher Tatbestand sein sollte bzw. wie ein entsprechendes Verbot begründet werden könnte.

Joel Feinberg beschreibt ein theoretisches Beispiel, das als Test für unsere Intuition dafür dienen kann, ob der Staat ein gesetzliches Verbot der Tierquälerei durchsetzen sollte. Stellen wir uns einen intelligenten und empfindsamen Menschen vor, der nur einen neurotischen Charakterzug hat: Er sieht gerne Tiere leiden. So quält er jeden Abend ein Tier zu Tode; und damit er kein öffentliches Ärgernis erregt, indem er durch gequälte Tierschreie die Gefühle der

Nachbarschaft verletzt, vollzieht er seine abendliche Folterstunde in einem abgelegenen, schallisolierten Haus (mit Tieren, die er vorher rechtmäßig erworben hat).[11]

Es sind sich wohl praktisch alle einig, daß ein solches Verhalten rechtlich unterbunden werden sollte. Dann stellt sich aber die Frage, wie ein solches Verbot zu rechtfertigen wäre. Insbesondere muß untersucht werden, ob Mills liberalistische Grundprinzipien zu einer solchen Begründung genügen. Der Rechtsmoralist hat mit dem vorliegenden Beispiel keine Probleme: Für ihn muß Tierquälerei einfach deswegen verboten werden, weil sie unmoralisch ist.[12] Sein Grundprinzip steht Mill jedoch nicht zur Verfügung. Der weiche Paternalismus kann ein Verbot nicht begründen, weil es der wohlüberlegte, wohlinformierte Wille des Betreffenden ist, Tiere zu quälen. Das Ärgernisprinzip greift nicht, weil bei Voraussetzung guter Schallisolierung keine unzumutbare Belästigung vorliegt: Das *bloße Wissen* um die Vorgänge im Haus des Nachbarn kann für Mill keine Begründung für staatliches Eingreifen bilden, weil dieses Prinzip die Grenzziehung zwischen dem Öffentlichen und dem Privaten aufgeben würde. Und schließlich scheint das Schadensprinzip nicht zu greifen, weil der Tierquäler die Tiere rechtmäßig erwirbt und kein Mensch geschädigt wird.

Tatsächlich wird das Beispiel der Tierquälerei von Rechtsmoralisten gerne als Problemfall für den Rechtsliberalismus aufgeführt; denn Mill scheint vor einem Dilemma zu stehen: Soll er unsere wohlerwogenen Überzeugungen zur Tierquälerei ignorieren, oder soll er das Prinzip des Rechtsmoralismus als gültig anerkennen? Der zweite Weg ist nicht gangbar, weil er eine völlige Aufgabe des liberalistischen Programms bedeuten würde; und der erste Weg ist wohl nur ein Notausgang, der viele von der Inakzeptabilität des Rechtsliberalismus überzeugen würde.

Das von dem Rechtsmoralisten aufgestellte Dilemma ist jedoch nur ein scheinbares. Mill steht nämlich ein dritter Weg offen: Er könnte das Verbot der Tierquälerei nämlich durch Bezugnahme auf das *Schadensprinzip* rechtfertigen. Dies setzt allerdings voraus, daß dieses Prinzip so verstanden wird, daß es nicht nur das Leiden der Menschen, sondern auch das Leiden der Tiere berücksichtigt. Dagegen könnte man einwenden, daß damit eine unplausible Inflation von Rechten in Gang käme, für die die Tiere aber die notwendigen

---

11 Vgl. Joel Feinberg, *Social Philosophy,* S. 41.

12 Vgl. Patrick Devlin, *The Enforcement of Morals,* S. 17 u. S. 128.

Voraussetzungen nicht mitbringen. Diese Bedenken sind aber unbegründet. Wie Joel Feinberg zeigt, gibt es gute Gründe, Tieren zumindest das eine Recht zuzuschreiben, nicht mutwillig gequält zu werden. Tiere werden damit nicht den Menschen gleichgestellt, aber es wird deutlich gemacht, daß sie sich in relevanten Punkten von bloßen Sachen unterscheiden.[13]

Ein Zusatzproblem für den Liberalismus: Duelle und Gladiatorenkämpfe

Das Thema „Gladiatorenkämpfe" wirft für den Rechtsliberalismus größere Probleme auf als das Thema „Tierquälerei." Das markanteste Gedankenexperiment hierzu stammt von Irving Kristol. Er merkt an, niemanden zu kennen, der allen Ernstes für die Erlaubnis von Gladiatorenkämpfen (im Stile der früher im Kolosseum von Rom durchgeführten) im Yankee-Stadion von New York wäre, auch wenn nur Erwachsene als Zuschauer zugelassen wären, die wirklich sehen wollten, wie zwei Menschen bis zum Tode eines von beiden kämpfen.[14] Schließlich ist heutzutage nicht auszuschließen, daß sich für solche Veranstaltungen genügend aktive und passive Teilnehmer finden könnten, die, durch riesige Dollarsummen für den Gewinner (und vielleicht sogar eine große Summe für die Hinterbliebenen des Verlierers) gelockt,[15] tatsächlich in vollem Wissen um die Risiken, die sie eingehen (bzw. um die Art des Kampfes, den sie durch ihre Eintrittsgelder unterstützen), Interesse an einer solchen Veranstaltung hätten.[16]

---

[13] Vgl. Joel Feinberg, „Human Duties and Animal Rights", in: R.K. Morris u. M.W. Fox (Hrsg.), *On the Fifth Day: Animal Rights & Human Ethics* (Washington, D.C., 1978), S. 45-69. Vgl. auch Joel Feinberg, „The Rights of Animals and Unborn Generations", in: William T. Blackstone (Hrsg.), *Philosophy & Environmental Crisis* (Athens, Georgia, 1974), S. 43-68 [dt. „Die Rechte der Tiere und zukünftiger Generationen", in: Dieter Birnbacher (Hrsg.), *Ökologie und Ethik* (Stuttgart, 1986), S. 140-179].

[14] Vgl. Irving Kristol, „Pornography, Obscenity, and the Case for Censorship" (1971), in: Joel Feinberg u. Hyman Gross (Hrsg.), *Philosophy of Law,* Third Edition (Belmont, Calif., 1986), S. 246.

[15] Wir wollen, um den Fall eindeutig zu machen, voraussetzen, daß die Gladiatoren sich nicht aus einer sozialen Notlage heraus zum Kampf bereit gefunden haben.

[16] Zu Bewegungen in den USA, die tatsächlich in diese Richtung deuten, vgl. Lynn Langway u.a., „Tough-Guy Bars", *Newsweek* vom 13. April 1981, S. 54 B.

Wie beim Fall der Tierquälerei müssen wir auch hier prüfen, inwiewcit für Mill akzeptierbare Rechtsprinzipien ein Verbot solcher Veranstaltungen rechtfertigen könnten. Das Ärgernisprinzip und der weiche Paternalismus können unter den gegeben Bedingungen beide nicht greifen. Das Schadensprinzip genügt ebenfalls nicht zur Rechtfertigung eines Verbots, weil für die Gladiatoren der Grundsatz „Volenti non fit iniuria" zum Tragen kommt. Damit scheint ein Verbot nur durch die Bezugnahme auf den harten Paternalismus begründbar zu sein – wenn man nicht gar zum Rechtsmoralismus Zuflucht nehmen will. H.L.A. Hart, der sich – was seine Ablehnung des Rechtsmoralismus angeht – als Schüler Mills versteht, zieht tatsächlich diese Konsequenz, durch die Mills Liberalismus allerdings viel von seiner Radikalität verliert.[17] Es ist aber zu überlegen, ob nicht doch eine andere Rechtfertigung eines Verbots möglich ist, die eher im Einklang mit Mills Programm steht als der harte Paternalismus.

Es könnte z. B. der Fall sein, daß sich empirisch nachweisen läßt, daß die Gewaltbereitschaft der Zuschauer solcher Gladiatorenkämpfe in einem Maße steigt, daß das Schadensprinzip ein Einschreiten erlaubt. Ohne konkrete Untersuchungen läßt sich über diesbezügliche Konsequenzen aber nur spekulieren. Vielleicht ist eine Begründung eher im Sinne Mills, die seine Argumentation bei der Bewertung der „Freiheit zur Unfreiheit" (etwa durch Sklaverei) aufnimmt. Die beiden Gladiatoren riskieren nicht einfach ihr Leben: Es ist vielmehr von Anfang an klar, daß einer der beiden sterben wird (womit sich dieser Fall von dem des Extremkletterers unterscheidet). Vielleicht ließe sich hier ein Ansatzpunkt finden, der eine Kritik vom Standpunkt des Liberalismus erlaubt. Wenn der Staat nicht erlauben sollte, daß ein Individuum *für alle Zeit* seine Freiheit aufgibt, dann sollte er auch keine Praktiken dulden, zur deren Grundbestandteilen die völlige Preisgabe der Freiheit eines Individuums gehört – nämlich durch Tod.[18]

An dieser Stelle ist keine abschließende Beurteilung dieses Bei-

---

[17] Devlin meint sogar, daß sich Hart mit seiner in *Law, Liberty, and Morality* vertretenen Variante des Paternalismus bereits in einem so erheblichen Maße von Mill entfernt hat, daß die Einordnung seiner Theorie als rechtsliberalistisch zweifelhaft erscheint. Vgl. Patrick Devlin, *The Enforcement of Morals,* S. 132 u. S. 138.

[18] Joel Feinberg ist anscheinend bereit, Gladiatorenkämpfe unter bestimmten Bedingungen eventuell zuzulassen. Man vgl. sein monumentales vierbändiges Werk *The Moral Limits of the Criminal Law,* bestehend aus den

spiels möglich. Letztlich muß es zu einer Abwägung zwischen liberalistischen und paternalistischen Theorien kommen, die beide an den Extremen, zu denen sie führen können, getestet werden müssen. Als Gegengewicht zu Kristols Gladiatorenbeispiel, das die eventuellen extremen Konsequenzen des Rechtsliberalismus verdeutlicht, sollten daher auch die sehr schwerwiegenden Folgen rechtspaternalistischer Prinzipien deutlich vor Augen stehen, zu denen es kommen kann, wenn es einmal als guter Grund für freiheitsbeschränkende Maßnahmen akzeptiert wird, daß eine Handlung zwar niemandem sonst, aber vielleicht dem Handelnden selbst Schaden zufügt. Man denke etwa an Fälle von – aus der Sicht des Liberalismus *unnötigen* – Zwangseinweisungen in psychiatrische Kliniken, die leicht rechtspaternalistisch gerechtfertigt werden können. Um solchen und anderen freiheitsgefährdenden Praktiken einen Riegel vorzuschieben, ist es – zumindest aus der Sicht des Liberalismus! – auf jeden Fall besser, rechtspaternalistische Prinzipien gar nicht erst zuzulassen.[19]

Epilog: Zentralismus und Subsidiarismus

Zum Abschluß seiner Abhandlung „Über die Freiheit" befaßt sich Mill mit der Bestimmung der positiven Grenzen des Staates. Während es ihm hauptsächlich um die negative Bestimmung dessen geht, was den Staat nichts angeht – nämlich die Privatsphäre des Individuums –, geht er nun auf die adäquate Reichweite staatlicher Aktivität im *öffentlichen* Bereich ein. Hier wie dort tritt er grundsätzlich für möglichst große Freiheit und für möglichst geringe staatliche Einflußnahme ein. Dafür gibt er drei Begründungen:

1. Einzelne können die notwendigen Arbeiten wahrscheinlich besser lösen als die Regierung (R 149). Mills Beispiel sind Industriebetriebe: Sie sollten nicht staatlich, sondern von den Betroffenen selbst geleitet werden.[20]

Bänden *Harm to Others* (Oxford, 1984), *Offense to Others* (Oxford, 1985), *Harm to Self* (Oxford, 1986) und *Harmless Wrongdoing* (Oxford, 1988). Dieser Punkt wird exemplarisch kritisiert bei Richard J. Arneson, „Liberalism, Freedom, and Community", *Ethics* 100 (1989/90), S. 368-385, bes. S. 371-374.

[19] Vgl. Tom L. Beauchamp, „Paternalism and Biobehavioral Control", *The Monist* 60 (1977), S. 62-80.

[20] Mill würde also „volkseigene Betriebe" im Sinne der ehemaligen DDR ablehnen, weil dort über die Planung gerade nicht von den Beschäftigten selbst entschieden wird.

2. Manche Aufgaben könnte ein Regierungsbeamter vielleicht effektiver bearbeiten; aber es ist wünschenswert, daß jeder Bürger seine eigene Urteilsfähigkeit in der Praxis schult (R 150). Mill führt verschiedene positive Beispiele an: „Geschworenengerichte [. . .]; freie, vom Volk besorgte Gemeindeverwaltung; die Leitung industrieller und philanthropischer Unternehmungen durch freiwillige Vereinigungen" (R 150).
3. Die Regierung hat schon jetzt sehr viel Macht, und diese sollte man nicht unnötig vergrößern (R 151). Diesen Punkt nimmt Mill so wichtig, daß er ihn gesondert behandelt und ausführlich gegen mögliche Kritiker verteidigt.

Die Gefahren der Bürokratie

Mill sieht in der wachsenden Bürokratie eine sehr große Gefahr, und in diesem Zusammenhang lehnt er auch verbreitete Verbesserungsvorschläge ab. So will er gerade *nicht,* daß die fähigsten Köpfe für den Regierungsdienst gewonnen werden (R 152)! Viele von Mills Zeitgenossen suchen nur nach einem Weg, wie die intelligentesten und bestausgebildeten Menschen zu Beamten gemacht werden können. Für Mill ist es dagegen ein Glück, daß ein solcher Plan schwierig durchzuführen ist. Es ist gerade das „Sicherheitsventil" (R 152) der Gesellschaft, daß es außerhalb der Bürokratie fähige Bürger gibt, die in der Lage sind, „die Wirkungsweise der Bürokratie zu kritisieren oder zu hemmen" (R 152; vgl. R 155).[21] Je mehr die Macht der Staatsbehörden wächst, desto mehr Menschen wollen nur noch Karriere in der Bürokratie machen, und der Staatsapparat läßt schließlich alle Eigeninitiative der Bürger erlahmen.[22] Es geht Mill also nicht um die kurzfristige Durchsetzung der (angeblich!) richtigen Inhalte, sondern um die beschneidende Festlegung der Kompetenzen der Regierungsbehörden, damit die langfristigen Interessen aller Betroffenen zur Geltung kommen können.

Mill führt verschiedene illustrierende Beispiele zu seinen Thesen an. Negative Beispiele sind: a) das russische Reich, gegen dessen Bürokratie selbst der Zar machtlos ist (R 153);[23] b) die Macht der

[21] Vielleicht würde Mill diesbezüglich sogar die Macht der Kirche als Gegenpol begrüßen – etwa unter der Bedingung, daß sie, wie in der ehemaligen DDR, von einem humanistischen Protestantismus geprägt ist.

[22] Wie uns deutlich vor Augen steht, sind die negativen Folgen einer solchen Konzentration auf die Aktivität staatlicher Organe besonders weitreichend, wenn diese eng mit einer „Staatspartei" verknüpft sind.

Bürokratie in China, gegen die kein Mandarin etwas ausrichten kann (R 154); c) die Machtlosigkeit jedes einzelnen Jesuiten gegenüber seinem Orden (R 154). Positive Beispiele sind: a) Frankreich, wo die Bürger gewohnt sind, den Militärdienst selbst zu organisieren (R 153); b) Amerika, wo die Bürger gewohnt sind, zivile Angelegenheiten selbst zu organisieren (R 153 f).

Aus diesen Überlegungen leitet Mill ein allgemeines Prinzip ab: *Sammlung der Information, Verteilung der Macht* (R 155 f). Letztlich kommt er aber auf sein Grundprinzip des Fortschritts der Menschheit durch die freie Entwicklung jedes einzelnen zurück: Das Ziel aller Bemühungen sollte nicht eine immer besser funktionierende Verwaltung, sondern die geistige Entwicklung der Individuen sein. Diesbezüglich haben sich Mills Thesen mit dem Zusammenbruch des „real existierenden Sozialismus" erneut bewahrheitet: „Ein Staat, der seine Menschen verkümmern läßt, um an ihnen – selbst für nützliche Zwecke – gefügige Werkzeuge zu besitzen, wird merken, daß mit kleinen Menschen wahrlich keine großen Dinge vollbracht werden können und daß die Vervollkommnung der Maschinerie, der er alles geopfert hat, schließlich doch nichts nutzt" (R 158). In Unfreiheit funktioniert letztendlich auch die „Maschinerie" nicht mehr.

[23] Das gleiche gilt vielleicht leider auch heute für die Macht der gewählten Regierung der Sowjetunion. Man vergleiche Mills Beschreibung der zu erwartenden Konsequenzen einer Revolution in Rußland: „Darauf schwingt sich irgendein anderer – mit oder ohne Legitimation durch das Volk – in den Sattel, gibt der Bürokratie seine Befehle, und alles geht wieder so, wie es immer gegangen ist: die Bürokratie ist unverändert und niemand anders ist fähig, ihren Platz einzunehmen" (R 153).

7. Anhang: Quellen zur Aktualität von Mills Abhandlung „Über die Freiheit"

Quelle 1 (aus: „The Daily Telegraph" vom 5. August 1985, S. 11):

Notebook/Tim Heald: Biker Fred's Last Stand

[. . .] observing a piece of graffiti on a wall near North Woolwich. The message read simply „Fred Hill – Bikers' Martyr." I didn't know who he was and asked, in an idle way, „Who is he?", expecting that he would turn out to be a tattooed Hells Angel.

Not a bit of it. A former colleague of his wrote to tell me that he was „a fine man" who used to teach maths at Daneford School in Bethnal Green until he was snaffled by Rhodes Boyson and went off to Highbury Grove School.

During the war he had served with the Eighth Army and been a dispatch rider. He rode a motor-bike all his life and he objected very strongly to the legislation which insisted he wear a helmet to do so. When Sikhs were exempted in 1976 he decided that if they could be exempted then so could he. Time and again he was sent to prison for defying the law and eventually, aged 74, after some 30 jail sentences, he finally died in Pentonville prison last year.

As my correspondent „Dave" points out: „It's a shame someone had to deface a railway station to make a point. Fred didn't." His anti-helmet campaign clearly lives on, orchestrated by the national Motorcycle Action Group of Birmingham, whose secretary, Neil Andrews also wrote to tell me about Fred. MAG has produced a printed leaflet as a tribute to its martyr and there is an embroidered patch in his memory with the slogan: „Let those who ride decide."

Quite apart from his helmet campaign Fred sounds as if he was a remarkable character. The child of working-class Yorkshire parents he consciously sought teaching jobs in underprivileged areas of Sheffield and London, though he could almost certainly have achieved more conventional success had he wished. Of his two brothers one became Dean of Classics at Swansea University and the other Vice-Chancellor of Loughborough. When he retired Dr Rhodes Boyson wrote that he „was one of the finest teachers I have ever met."

Quelle 2 (aus: „Frankfurter Rundschau“ vom 26. Oktober 1985; zitiert nach: „Ketzerbriefe – Prozeßinformation über die laufende Verfolgung von Atheisten in der BRD“, Nr. 4 (Januar 1986), S. 56):

Gotteslästerung oder Ketzerprozeß?

[Bericht von Joachim Sterz]. Ein hämisch grinsender katholischer Kleriker, der mit einer hippieähnlichen Gottvater-Marionette spielt, beschäftigt die Freiburger Justiz. Hat die inzwischen kommunalpolitisch bedeutungslose Bunte Liste (BL) mit dieser Karikatur gegen den Paragraphen 166 des Strafgesetzbuches verstoßen, der die Beschimpfung von Bekenntnissen, Religionsgemeinschaften und Weltanschauungsvereinigungen unter Strafe stellt? Eine Antwort darauf gab ein Freiburger Schöffengericht in dieser Woche (noch) nicht. Der Prozeß gegen vier Mitglieder der Bunten Liste wurde jetzt auf unbestimmte Zeit ausgesetzt.

Die Vorgeschichte: Vor genau einem Jahr hatte die Bunte Liste mit jenem marionettenhaften Gottvater für eine „antiklerikale Woche“ geworben. Die Staatsanwaltschaft ermittelte, als gegen die religionsfeindlichen Karikaturen, die zu Hunderten auf Plakaten im gesamten Freiburger Stadtgebiet zu sehen waren, drei Anzeigen eingingen. Auch die Kirche in der Erzbischofsstadt machte Front gegen die Zeichnung. Generalvikar Robert Schlund bat „als Staatsbürger“ die Justiz um Überprüfung, ob die drastische Gott- und Kirchendarstellung rechtens sei.

Diese Frage ist durchaus auch innerhalb der Justiz umstritten. Während das Amtsgericht die Eröffnung des Verfahrens mit dem Hinweis ablehnte, daß die Pfarrer-Gott-Karikatur nicht geeignet sei, den öffentlichen Frieden zu stören, war das daraufhin von der Staatsanwaltschaft angerufene Landgericht durchaus der Meinung, daß „die Beschimpfung einer im Inland bestehenden Kirche“ vorliege. Der „Ketzerprozeß“, wie ihn die Bunte Liste immer selbst bezeichnete, wurde eröffnet.

[. . .]

Anklagevertreter Karl-Heinz Denzlinger schlug zur sichtlichen Verwunderung von Angeklagten und Verteidigern vor, das Verfahren einzustellen. Er verwies darauf, daß die „juristische Substanz“ des Falles umstritten und „die Schuld der Täter gering“ sei.

Genau dieser letzte Passus behagte den Angeklagten – an ihrer Spitze der ehemalige Freiburger BL-Stadtrat Gottfried Niemietz –

überhaupt nicht. Von „Schuld" – wenn auch geringer – oder „Täterschaft" könne keine Rede sein. Niemietz forderte einen „Freispruch erster Klasse" und machte den überfüllten Gerichtssaal zu einem Agitationsforum [. . .]. Dem Wunsch des Staatsanwaltes, die Agitation so zu gestalten, daß religiöse Empfindungen anderer nicht verletzt würden, kam Niemietz im Gerichtssaal nicht nach.

Quelle 3 (aus dem als Lehrbuch für die Ausbildung an Universitäten und Hochschulen der DDR anerkannten Werk namens *Ethik,* verfaßt von einem Autorenkollektiv unter der Leitung von H.E. Hörz und U. Wilke; Ost-Berlin, ^{2}1989, S. 93, S. 139, S. 138):

In der DDR, wie in allen sozialistischen Ländern, ergibt sich eine entscheidend wichtige Orientierung daraus, daß die Hauptzüge des moralisch Guten für den betreffenden Verantwortungsbereich in den staatlichen Entwicklungsplänen und den gesellschaftlichen Kampfprogrammen aufgeschlüsselt niedergelegt sind, und zwar unter individueller und kollektiver Mitwirkung der Werktätigen. [. . .] Die Ethik muß herausarbeiten, daß ein Werktätiger nirgends sonst derartige Gelegenheit hat, sich seiner Mitverantwortung für den weiteren moralischen Fortschritt aktiv bewußt zu stellen; daß das Entscheidende, wonach er moralisch bewertet wird, wonach Billigung oder Mißbilligung ausgesprochen werden, seine Taten für die Erfüllung und gezielte Überbietung der Plan- und Programmaufgaben sowie die Resultate seiner Taten sind.
[. . .]
Die Forderung nach Humanität reflektiert [. . .] weniger das alle Menschen Verbindende, als vielmehr das sie als Klassenwesen sehr unterschiedlich Betreffende und Bewegende.
[. . .]
Insofern, als die Arbeiterklasse ihre historische Mission unter der Führung einer marxistisch-leninistischen Partei verwirklicht, schließt das Prinzip der Treue zu den Idealen des Kommunismus auch die Treue zur Vorhut der Arbeiterklasse und ihrer Politik ein. [. . .] Treue zu den Idealen des Kommunismus wirkt sowohl in Gestalt theoretischer Erkenntnisse, wie in der des Gefühls der Verbundenheit mit Gleichgesinnten und des Hasses, der Verachtung und der Abscheu gegenüber den Feinden dieser Ideale.

Quelle 4 (aus: „Der Tagesspiegel“, Berlin, vom 24. Juni 1990, S. 3):

„Der Zweck soll die Mittel heiligen“: Gesetzentwurf gegen Rauschgiftkriminalität schränkt Grundrechte radikal ein

[Bericht von Rüdiger Scheidges]. Was in amerikanischen Agentenkrimis gang und gäbe ist, der kaum behinderte Polizeieinsatz mit geheimdienstlichen Mitteln wie Undercoveragenten, heimlichem Abhören auch in Privatwohnungen, versteckten Filmen von Verdächtigen in Geschäftsräumen, der staatliche Lauschangriff mit der Wanze im Salzstreuer: All dies soll nach Willen des Bundesrates noch in dieser Legislaturperiode auch in Deutschland zum Alltagshandwerk der normalen Polizei gehören dürfen. Zwar zielt der von den Ländern bereits verabschiedete Entwurf offiziell auf die „Bekämpfung des illegalen Rauschgifthandels und anderer Erscheinungsformen der organisierten Kriminalität“, doch sind nicht nur die „schweren Jungs“ davon betroffen.

Im Gegenteil: Die Vorschriften sind auf Drängen der Polizeibehörden der Länder so formuliert, daß auch der völlig unbescholtene Bürger Objekt geheimdienstlicher Methoden werden kann.

[. . .]

Der FDP-Rechtsexperte Burkhard Hirsch befindet: „Wenn das Gesetz wird, leben wir in einem Wanzenstaat“ und bezeichnet die unkontrollierten Spioniermöglichkeiten als „Heimtücke gegen den Bürger.“ Der Hamburger Strafverteidiger Gerhard Strate sieht „Wahngeburten polizeistaatlichen Denkens Alltagspraxis westdeutscher Strafverfolgung“ werden, und der renommierte Berliner Rechtsanwalt Gerhard Jungfer befürchtet eine Strafverfahrensordnung heraufziehen, in der „der Zweck die Mittel heiligt.“ Jungfer sieht den „Übergang vom freiheitlichen Rechtsstaat zum autoritären Sicherheitsstaat“ programmiert.

[. . .]

Schon der *Verdacht* kann so unter bestimmten Voraussetzungen zur geheimen Observation oder zur computergesteuerten Rasterfahndung gegen einen Unbescholtenen führen. Auch wenn andere, herkömmliche Methoden, die nicht aus dem Bereich der Terroristenbekämpfung stammen, die Ermittlungen nur „aussichtslos oder wesentlich erschweren“ würden, können diese Methoden von der Polizei angewandt werden – jahrelang. Und was eine Straftat mit

„erheblicher Bedeutung“ ist, das können die Ermittler selber und nicht etwa der Richter definieren, wenn „Gefahr im Verzug ist.“
[...]
Besonders die erweiterten Möglichkeiten der Telefonüberwachung, die prophylaktisch, „zur Gefahrenabwehr“ ohne richterliche Kontrolle zugelassen werden soll, stößt den Datenschützern übel auf.

Doch wie ist es möglich, daß die Länder unter dem Druck der Sicherheitsbehörden ein „Programm staatlicher Ausforschung“ (Strate), das die Strafprozeßordnung in ein „Einführungsgesetz zur Notstandsverfassung“ (Strate) verwandeln würde, unbemerkt von der Öffentlichkeit durchziehen können? Der Entwurf wurde am 11. Mai gegen die Stimmen Bremens und (teilweise) Berlins unterzeichnet. Zwei Tage darauf fanden die Wahlen in Niedersachsen und Nordrhein-Westfalen statt. Da wollten es SPD-Politiker, das geben sie jetzt zu, nicht riskieren, der CDU in letzter Minute noch einen Wahlschlager zu liefern.
[...]
Im übrigen haben Bayern und Baden-Württemberg zu Protokoll gegeben, daß ihnen der Entwurf „nicht weit genug“ gehe.

Quelle 5 (aus: „Der Tagesspiegel“, Berlin, vom 27. Juni 1990, S. 12):

Katholische Kirche droht Abweichlern mit Disziplinarstrafen: Ratzinger stellt Leitfaden des Vatikan vor – Vorrang des Lehramts

Vatikan (AP/dpa). Der Vatikan hat die katholischen Theologen gestern in scharfer Form davor gewarnt, von der kirchlichen Lehre abweichende Meinungen öffentlich zu vertreten.
[...]
Das 28seitige Dokument richtet sich gegen Theologen, die an der kirchlichen Lehrmeinung zur Empfängnisverhütung, zur päpstlichen Autorität und zu anderen Fragen Kritik geübt haben.
[...]
Offener Dissens habe der Kirche „ernsten Schaden“ zugefügt, heißt es nun in dem Dokument des Vatikans. Wenn ein Geistlicher etwas anzuzweifeln habe, so solle er dies mit seinem Bischof besprechen. Wenn er danach noch immer nicht mit dem übereinstimmen könne, was die Lehre sei, habe er zu schweigen. Eine solche Situation

könne sicherlich eine harte Prüfung bedeuten, doch wenn es um die Wahrheit gehe, dann werde sie letztendlich obsiegen.

Der Leitfaden erinnert die Theologen auch daran, daß sie per Treueid an die geltende Doktrin gebunden seien. Die Kirche könne nicht wie eine Demokratie verwaltet werden. Die Bestrafung abweichlerischer Theologen sei Teil der kirchlichen Pflicht, die Lehre vor „besonders gefährlichen Meinungen" zu schützen. In diesem Fall sei es fehl am Platze, von einem Verstoß gegen die Menschenrechte zu sprechen.

Quelle 6 (aus: „Der Tagesspiegel", Berlin, vom 27. Juni 1990, S. 32):

Das Recht auf Sterben weiterhin keine Privatsache in den USA: Oberstes Gericht verlangt Beweise für Sterbewunsch

jko. Washington. Joyce und Joe Cruzan wollen ihre Tochter sterben lassen. Nancy liegt seit einem Autounfall vor sieben Jahren im Koma und wird künstlich ernährt. Die Ärzte sagen, sie leide Qualen und könne dreißig Jahre so weiter „leben." Aber die Eltern glauben zu wissen, daß ihre 32jährige Tochter „es hassen würde, so dahinzuvegetieren." Freunden hatte sie einst vertraut, daß sie „nur unter halbwegs menschenwürdigen Umständen" am Leben gehalten werden wolle. „Es hat lange gedauert, bis wir akzeptierten, daß keine Besserung eintreten würde", berichtet Mutter Joyce. Als sie die Hoffnung aufgegeben hatten, verlangten sie und ihr Mann 1987 von den Ärzten, ihre Tochter sterben zu lassen.
[...]
Es fehlten „klare und überzeugende Beweise" für den Wunsch des Patienten, die künstliche Ernährung abzusetzen, befanden fünf der neun Richter [des Obersten Bundesgerichts in Washington]. Solche Beweise aber könne ein Bundesstaat verlangen.

Patienten würden so ihrer Rechte beraubt und zu „Objekten medizinischer Technologie" degradiert, gab die Minderheit ihre abweichende Meinung zu Protokoll. Deutliche Anzeichen für Nancy Cruzans Willen seien ebenso mißachtet worden wie der gleichlautende Wunsch liebender Eltern. Das sei selbst mit der wohlmeinenden Absicht nicht zu entschuldigen, grundsätzlich nicht-urteilsfähige Patienten vor der Entscheidung über Leben und Tod zu schützen.

[...]
Die Bundesstaaten sind nun aufgerufen, Richtlinien zu erlassen und klar zu definieren, was als Wille des entscheidungsunfähigen Patienten gilt und wer außer ihm die Entscheidung treffen darf. William Webster, Justizminister des Staates Missouri, befürwortet zum Beispiel eine Gesetzesinitiative, die es der Familie erlauben würde, einen Angehörigen sterben zu lassen, wenn der mindestens drei Jahre im Koma lag, drei Ärzte attestieren, daß mit einer Wende zum Besseren nicht zu rechnen ist, und wenn die Familie völlig einig ist, daß dies der Wunsch des Patienten wäre.

Der Supreme Court hat aber zwischen den Zeilen seines Urteils vor allem die dringende Empfehlung ausgesprochen, an den eigenen Wünschen für den Notfall keinen Zweifel zu lassen und mit klaren Direktiven Vorsorge zu treffen. Bisher haben nach amtlichen Schätzungen erst zehn Prozent der Amerikaner von dieser Möglichkeit Gebrauch gemacht.

Quelle 7 (aus: „die tageszeitung (taz)" vom 3. Dezember 1990, S. 9):

Massendemonstration gegen Religionsgesetze

Tel Aviv (ap) – Mehr als 50 000 Israelis haben am Samstag in Tel Aviv gegen Gesetzesinitiativen ultraorthodoxer Juden protestiert. Die von der Agudat-Israel-Partei eingebrachten Entwürfe sehen unter anderem eine Einschränkung des öffentlichen Personenverkehrs am jüdischen Sabbat, die Begrenzung des Verkaufs von Schweinefleisch und ein Verbot „unzüchtiger Werbung" vor. [...]

Quelle 8 (aus: „Süddeutsche Zeitung" vom 3. Dezember 1990, S. 3):

Kampagnen gegen die Saat des Satans: Wieder einmal laufen in Amerika Sekten Sturm gegen Schulbücher, die angeblich elterliche Autorität untergraben und zur Hexerei verführen

[Von George Hodos] Los Angeles, Ende November – Daß es unmöglich ist, jedermann gefällig zu sein, erfährt die Unterrichtsbehörde Kaliforniens alle paar Jahre, wenn das Lehrmaterial erneuert

werden muß. Diesmal ging es um Geschichtsbücher für fünf- bis dreizehnjährige Kinder. Ein Ausschuß von Pädagogen studierte monatelang 26 Textvorschläge, verwarf 16 davon, und empfahl die übrigen, alle vom Verlag Houghton-Miffin, zur Annahme.
[. . .]
Doch schon bald brach ein Proteststurm los. Dieses Jahr waren die Angriffe besonders heftig, weil das erstemal auch Religionsgeschichte zum Lehrplan gehörte. Die christlichen Fundamentalisten beklagten sich wie immer darüber, daß die Evolution als Tatsache und nicht als gleichwertig mit der Schöpfungsgeschichte behandelt werde; jüdische Kreise protestierten dagegen, daß die Schulbücher die christliche Lehre von Liebe und Glauben in einen ungerechten Gegensatz stellten zur jüdischen Lehre von Gehorsam und Ritual; muslimische Organisationen fanden, der Islam werde fälschlicherweise als eine neue radikale Religion bezeichnet und überhaupt unterschätzten die Autoren den Beitrag des Islams zur Geschichte der Menschheit. Atheisten bemängelten, daß sich die Lehrbücher in aller Breite mit Religionen befaßten, jedoch den Standpunkt der Nichtgläubigen außer acht ließen; Vertreter homosexueller Gruppen griffen die Texte an, weil darin Homosexualität völlig verschwiegen werde, obwohl bedeutende Persönlichkeiten Amerikas und der Welt homosexuell gewesen seien; farbige Bürgerrechtler fanden so viele rassistische Vorurteile, daß sie eine neuerliche Überarbeitung der Texte forderten.

Bill Honig, Inspektor des kalifornischen Unterrichtswesens, ließ sich jedoch von den Einwänden nicht einschüchtern. „Ein tiefer philosophischer Graben trennt meine Auffassung von einer einheitlichen Geschichtsdarstellung für alle Schüler von der partikularistischen Ansicht der Kritiker“, meinte er. Wenn man die Kritik zu ihrem logischen Ende führe, wetterte Honig, erreiche man Zustände wie im Libanon. Die Proteste werden wohl nicht verhindern, daß die Schulbücher in der vorgeschlagenen Fassung gedruckt werden. Allerdings wird sich das Ritual bei der nächsten Neuauflage mit Sicherheit wiederholen.
[. . .]
In Yucaipa, einem Städtchen am Rande der Mojave-Wüste, gingen die Fundamentalisten zum Frontalangriff über. Zunächst erreichten sie, daß der Schulrat separate Klassen für Kinder einrichtete, die nicht von dem „satanischen“ Lesebuch angesteckt werden woll-

ten. Das allein genügte den Eltern jedoch nicht. Sie riefen einen Schulstreik aus, einige nahmen ihre Kinder aus den Klassen, andere verboten ihnen, das Buch nur aufzuschlagen.

Quelle 9 (aus: „Der Tagesspiegel“, Berlin, vom 17. Dezember 1990, S. 6):

Papst warnt vor Intoleranz

Rom (AP). Papst Johannes Paul II. hat in seiner Botschaft zum Weltfriedenstag der katholischen Kirche am 1. Januar jeder Form von Fundamentalismus eine Absage erteilt. Dieser führe leicht zu religiöser Intoleranz bis hin zur völligen Verneinung der Meinungsfreiheit und stelle damit eine ernste Bedrohung des Friedens dar, schrieb der Papst in seiner Botschaft. Die Staatsmänner der Welt rief das Oberhaupt der katholischen Kirche auf, in ihren Ländern die Gewissensfreiheit zu garantieren und die Rechte von Minderheiten zu schützen.

In seiner Botschaft, die mit dem Satz überschrieben ist: „Wenn du Frieden willst, achte das Gewissen jeder Person“, schrieb der Papst weiter, die Exzesse, zu denen Intoler[a]nz führen könne, gehörten zu den „schmerzlichsten Lektionen der Geschichte“, wozu auch die Geschichte des Christentums durch die Jahrhunderte genügend Beispiele biete. Doch bleibe auch heute noch viel zu tun, um religiöse Intoleranz zu überwinden, die in vielen Teilen der Welt mit der Unterdrückung von Minderheiten eng einhergehe.

Auf den fundamentalistischen Anspruch einer Übereinstimmung von weltlicher und geistlicher Herrschaft anspielend, sagte der Papst, die Übereinstimmung weltlicher und geistlicher Gesetze könne die Religionsfreiheit einengen, oft bis zur Einschränkung oder gar völligen Verneinung unveräußerlicher Menschenrechte. Abschließend bekannte sich der katholische Oberhirte zur Zusammenarbeit mit anderen Religionen und Konfessionen.

8. Ausgewählte Literatur

Ältere Literatur zu John Stuart Mills „Über die Freiheit" ist in der Reclam-Ausgabe aufgeführt. Umfassende Verzeichnisse sind zu finden in zwei Bibliographien: Robert Goehlert, *John Stuart Mill: A Bibliography* (Monticello, Ill., 1982) und Michael Laine, *Bibliography of Works on John Stuart Mill* (Toronto/Buffalo/London, 1982). Im folgenden wird verwiesen auf neuere Arbeiten zu Mills „Über die Freiheit" sowie auf Werke der gegenwärtigen Rechtsphilosophie, die an Mill anknüpfen und seinen Rechtsliberalismus entweder ausgearbeitet fortführen oder kritisieren.

Archard, David. „Freedom Not to be Free: The Case of the Slavery Contract in J.S. Mill's *On Liberty*", *Philosophical Quarterly* 40 (1990), S. 453-465.

Arneson, Richard J. „Paternalism, Utility, and Fairness", *Revue Internationale de Philosophie* 43 (1989), S. 409-437.

Arneson, Richard J. „Liberalism, Freedom, and Community", *Ethics* 100 (1989/90), S. 368-385.

Beauchamp, Tom L. „Paternalism and Biobehavioral Control", *The Monist* 60 (1977), S. 62-80.

Berger, Fred R. *Happiness, Justice, and Freedom: The Moral and Political Philosophy of John Stuart Mill* (Berkeley/Los Angeles/London, 1984).

Brock, Dan W. „Paternalism and Autonomy", *Ethics* 98 (1987/88), S. 550-565.

Buchanan, Allen. „Medical Paternalism", *Philosophy and Public Affairs* 7 (1977/78), S. 370-390.

Devlin, Patrick. *The Enforcement of Morals* (Oxford, 1965).

Dworkin, Gerald. „Paternalism", *The Monist* 56 (1972), S. 64-84.

Dworkin, Ronald. *Taking Rights Seriously* (Cambridge, Mass., 1978), S. 240-258 („Liberalism and Moralism") [dt. *Bürgerrechte ernstgenommen* (Frankfurt a.M., 1984), S. 419-428 („Freiheit und Moral")].

Feinberg, Joel. *Social Philosophy* (Englewood Cliffs, N.J., 1973).

Feinberg, Joel. *The Moral Limits of the Criminal Law* (4 Bände); bestehend aus: *Harm to Others* (Oxford, 1984), *Offense to Others* (Oxford, 1985), *Harm to Self* (Oxford, 1986), *Harmless Wrongdoing* (Oxford, 1988).

Funk, Nanette. „Mill and Censorship", *History of Philosophy Quarterly* 1 (1984), S. 453-463.

Gray, John. *Mill on Liberty: A Defence* (London, 1983).

Hart, H.L.A. *Law, Liberty, and Morality* (Stanford, 1963).
Hart, H.L.A. *Recht und Moral: Drei Aufsätze,* hrsg. v. Norbert Hoerster (Göttingen, 1971).
Himmelfarb, Gertrude. *On Liberty and Liberalism: The Case of John Stuart Mill* (New York, 1974).

Kleinig, John. *Paternalism* (Totowa, N. J., 1984).

Lloyd-Thomas, D.A. „Liberalism and Utilitarianism", *Ethics* 90 (1979/80), S. 319-334.

Patzig, Günther. *Ethik ohne Metaphysik* (Göttingen, 1971), S. 7-31 („Moral und Recht").

Rhees, John C. *John Stuart Mill's „On Liberty",* hrsg. v. Geraint L. Williams (Oxford, 1985).

Strasser, Mark. „Mill and the Utility of Liberty", *Philosophical Quarterly* 34 (1984), S. 63-68.

Ten, C.L. *Mill on Liberty* (Oxford, 1980).
Thornton, Neil. *The Problem of Liberalism in the Thought of John Stuart Mill* (New York/London, 1987).

VanDeVeer, Donald. *Paternalistic Intervention: The Moral Bounds on Benevolence* (Princeton, N.J., 1986).

Wasserstrom, Richard A. (Hrsg.). *Morality and the Law* (Belmont, Calif., 1971).
Wolf, Jean-Claude. „Variationen zu Millschen Themen: Das rechtsphilosophische opus magnum von Joel Feinberg", *Zeitschrift für philosophische Forschung* 42 (1988), S. 454-464.

Register